基层供电企业
创新工作必备

《基层供电企业创新工作必备》编委会 编

中国电力出版社
CHINA ELECTRIC POWER PRESS

内 容 提 要

本书内容侧重电力企业基层创新工作，主要内容包括管理创新、技术创新、QC小组活动、"五小"创新、青年创新五类。每部分都备有相应的比赛和奖项，针对性地为员工讲述创新定义、选题方向、实施流程、编制要求、技巧方法、评审标准等内容，引导员工在重点领域寻求突破，在焦点难点上攻城拔寨，在研发成果和转化应用上力争实现更多突破。

本书可供电力企业基层创新管理人员、创新项目负责人、研发团队成员学习使用，也可供职业技术类院校电工专业师生参考。

图书在版编目（CIP）数据

基层供电企业创新工作必备 /《基层供电企业创新工作必备》编委会编. —北京：中国电力出版社，2019.9

ISBN 978-7-5198-3490-6

Ⅰ.①基… Ⅱ.①基… Ⅲ.①电力工业—工业企业管理—创新管理—中国 Ⅳ.① F426.61

中国版本图书馆 CIP 数据核字（2019）第 168890 号

出版发行：中国电力出版社
地　　址：北京市东城区北京站西街 19 号（邮政编码 100005）
网　　址：http://www.cepp.sgcc.com.cn
责任编辑：王杏芸（010-63412394）
责任校对：黄　蓓　朱丽芳
装帧设计：赵姗姗
责任印制：杨晓东

印　　刷：三河市航远印刷有限公司
版　　次：2019 年 9 月第一版
印　　次：2019 年 9 月北京第一次印刷
开　　本：710 毫米 ×980 毫米　16 开本
印　　张：11.5
字　　数：195 千字
印　　数：0001—5000 册
定　　价：48.00 元

版权专有 侵权必究

本书如有印装质量问题，我社营销中心负责退换

基层供电企业
创新工作必备

编委会

主　任　刘宏新

副主任　安彦斌　张满洲　王忙虎　张军六

成　员　刘雪召　许玉斌　王尚斌　王生明　李　黎
　　　　　张冠昌　赵学智　赵翠芳　李晓东　任志强
　　　　　石新聪

编写组

组　长　张冠昌

审　核　周国华

副组长　张　宁　贾　俊　董建玲　杨　萌　王　宁

成　员　续利华　柴红瑞　李　伟　曹建斌　段德志
　　　　　杨吉梅　曹莎莎　焦　荣　王凯武　段丽风
　　　　　李玉柱　樊　阳　刘极星　杨　旸　刘子卉

前言

创新是引领发展的第一动力。现代经济的可持续发展，其根本在于创新。电力企业一路走来，正是一条中国国有企业的创新之路。特高压、智能电网、能源互联网的"中国创造"和"中国引领"，巩固了我们在国际能源领域的竞争地位，为"一带一路"建设增添了一枚闪亮的"中国名片"。创新，这一中华民族千年积淀的深沉禀赋在电力的科技腾飞中焕发出新的力量。

电力企业坚持创新引领，以"人无我有、人有我优、人优我强"为目标，在思考中实践、在实践中探索、在探索中创新、在创新中进步，推动企业更快速度、更好效益、更高质量发展。

创新贵在"新"、重在"创"，是思想和行动的统一。编委会编写《基层供电企业创新工作必备》的目的，就是汇聚思想、付诸行动，为创新工作提供指导和帮助。主要从定义、规则、流程、案例等多方着力，梳理、整合、融汇了创新关键要素、技能技巧和实战经验。本书可作为创新实践之工具书、百宝箱和指南针。

管理于小处见大、细处品质、新处取胜。希望本书能推动形成人人关注、人人支持、人人参与的全员创新格局。也希望本书能成为抛砖引玉之作，推动企业各项专业管理思路更新颖、行动更有力、执行更精细、成效更显著。

创新无止境，山高人为峰。让我们携手共进，一起创造企业美好的未来。

目 录

前言

第一章　管理创新 — 1

第一节　相关理论 — 1
第二节　电力企业管理创新的意义和作用 — 8
第三节　电力企业管理创新存在的问题与原因分析 — 11
第四节　电力企业管理创新的思路与主要内容 — 13
第五节　管理创新过程与项目实施过程 — 16
第六节　管理创新方法及思维模式 — 22
第七节　管理创新的基本规范及评审原则 — 27
第八节　管理创新成果要素 — 31

第二章　技术创新 — 33

第一节　科技创新 — 33
第二节　群众创新 — 46
第三节　专利 — 50

第三章　QC 小组活动 — 59

第一节　QC 小组基础理论 — 59
第二节　QC 小组的组建 — 61
第三节　QC 小组活动程序 — 67
第四节　QC 小组活动统计工具的应用 — 76
第五节　QC 成果报告编写与评价 — 86
第六节　QC 小组成果申报表彰交流 — 91

目录

第四章 "五小"创新 —————————————————— 95

- 第一节 "五小"不小　厚积薄发大能量 ———————————— 95
- 第二节 小发明源自脑海的想象力 ———————————————— 101
- 第三节 小革新源于打破思维枷锁 ———————————————— 110
- 第四节 小创造优化完善创新方法 ———————————————— 118
- 第五节 小设计提升创新高能回报 ———————————————— 124
- 第六节 小建议蕴含创新潜藏价值 ———————————————— 131
- 第七节 精准靶向　创新文化显成效 ——————————————— 136

第五章 青年创新 —————————————————— 143

- 第一节 青创工作开展的意义及现状 ——————————————— 143
- 第二节 青年创新的动力 ——————————————————————— 147
- 第三节 青年员工应具备哪些素质 ———————————————— 152
- 第四节 创新思维的特征作用与培养 ——————————————— 160
- 第五节 克服限制因素　开发创新能力 —————————————— 167
- 第六节 实践指导 ——————————————————————————— 172

第一章 管理创新

第一节 相关理论

一、创新的相关理论

1. 创新的含义

创新行为虽然在人类发展史上很早就已经出现，但是直到 20 世纪西方经济学家才将其作为专门的课题进行研究。

首次提出创新理论的是经济学家熊彼特。他基于经济学中发展的定义，首次引入了创新的理论。他指出发展的本质其实就是通过创新行为，将生产要素重组，建立一个全新的生产函数。同时，他还将传统意义上的技术创新延伸到经济学方面。熊彼特认为，创新行为不仅仅是指科学技术上的新发明和新创造，还可以将技术与企业的经营管理相结合，提升企业的生产效能。

熊彼特在创新理论中将新产品的开发、新方法的运用、新市场的开辟、新供应商的发掘、新组织结构的建立五种创新活动归于创新的内涵之中。

2. 创新的内容

我国学者芮杰明提出，所有能够提升资源配置效率的行为都应该叫作创新。照这样理解，创新行为实际上存在于现代企业经营管理的各个方面，归结所有的创新行为，大致可以分为技术创新和管理创新两类，如图 1-1 所示。

（1）技术创新。技术创新是指在技能、产品、制造工艺、服务等方面的改进和发明。从本质上来讲，技术

图 1-1 创新基本类别

创新就是将新的科学技术成果应用到实际的产品生产和制造过程中，用以提高产品的生产效率，提升产品的竞争力。技术上的创新能够使人们的生活方式更加便捷，并且提高人们的生活水平。

从创新行为出现至今，技术上的创新一直最受重视。因为通过技术上的创新，企业的生产效率和竞争力不断提升，同时也给企业带来丰厚的利润，而利润则是企业生存和发展的最基本的动力源泉。

（2）**管理创新**。管理创新与技术创新不同，如果说技术创新主要提升企业的硬实力，那么管理创新就是用来提升企业的软实力。管理创新的对象比较抽象，不是具体的产品和工艺，而是企业的组织机构、制度和文化等。具体来说，管理创新就是通过一套新的管理方法来对企业的组织机构重新设置、建立新的制度或者形成有利于企业发展的全新的企业文化，用以提高企业的效率。

二、管理的内涵、本质与作用

马克思指出："所有大规模的社会劳动或共同劳动，或多或少需要被指导，协调个人活动和生产整体运动的实施，不同于独立机构整体运作的各种一般功能"。管理是将各种生产要素联系起来，没有管理就没有生产劳动，没有生产劳动，也就无所谓生产力。从这个意义上说，管理和科学技术这两种生产要素比劳动者和生产资料层次更高。由于管理是生产力的基本要素，因此必然会对包括电力公司在内的企业的发展产生重要影响，所以，管理得到全世界公司的广泛重视。管理作为一种独立的、无形的、非物理的生产力因素形式，与物化形式的生产力的内涵、任务和属性不同。管理是优化组织拥有的资源从而有效实现组织既定目标的过程。该定义有四层含义：第一，管理是一个过程，因此，管理是动态的。第二，管理的核心是达到组织既定的目标。第三，管理是运用组织拥有的各种资源来达到目的。第四，管理的本质是协调，管理就是要努力使团队成员能够共同协作从而消除组织实现其既定目标的障碍。管理伴随着社会的发展和激烈的组织间竞争，已然成为继人力、物力、财力之后的第四种资源——管理资源。无形和潜在是管理资源两个基本特点，一个组织通过加强管理来增加产出，这种方法并不需要增加或减少有形资源的投入。管理的任务有两个：一是合理配置与有效利用企业现有的生产要素；二是通过新的生产力不断开发、维护，并不断改善社会生产关系。一定的社会生产关系是企业管理的基础，它从根本上决定着企业管理的社会属性，因此，企业管理通常是在一种特定的社会生产关系下进行的。所以，企业管理的重要任务之一就是要维护与其相互关联存在的社会生产关系。另外，通过改善管理方式、管理模式和管理技术等途径，调整、改善生产关系的特定环节以维护生产力的不断发展。管理作为一种生产力要素，具有显著的自然属性和社会属性的二重性特征，该种二重性特征派生和决定了管理具有相对静止和动态发展的二元特征。一方面，社会生产力发展水平与社会政治、经济和文化在一定阶段的结构状态决定了管理价值观、道德规范、任务和管理方法以及管理水平，使管理在任务和发展水平方面具有相对静止和特定的时代特征。另一方面，随着生产力的不断发展，社会结构和经济环境不断发展变化，管理始终在不断完善和发展，因此，管理具有显著的发展特征。

管理的社会属性决定了其包含在生产关系范围内，生产关系是生产资料在企业微观层面的所有制形式，以及各种内部和外部利益相关者之间关系的总和。管理的重要任务之一是保持特定的生产关系，促进企业所有利益相关者利益的不断增长以及各利益相关者关系的和谐与发展管理。管理因其作为生产关系的体现形式和组成部分，需要持续发挥其主观能动性，并不断地改进或变革以适应和加快生产力的发展，这是管理的另一项重要任务。因此，在生产力的持续发展的影响下，维持一定的生产关系，以调整和改善生产关系的某些方面，以适应和促进生产力的发展，既是管理的任务属性，也是管理的本质特征。

三、管理创新的相关理论

管理创新的概念源自管理。组织的管理适应外部环境的变化需要通过有效地分配和利用资源，然后实现组织目标的动态创造性。经济学理论认为，人类总是面临资源稀缺与无限需求之间的尖锐矛盾，只有妥善配置和充分利用稀缺资源，人类的需求才能得以满足。因此，为了在动态变化的社会和经济环境中生存，组织必须不断调整系统活动的内容和目标，以适应环境变化的要求，这个过程就是管理创新。

管理的本质在于创新。管理者的创新精神和才能着重体现在对资源的有效整合过程中。整合资源时遇到的问题分为程序性问题和非程序性问题。在程序中产生的所有变化都是过去创新的结晶，而不是程序性问题，管理者只能依赖自己的创造力寻找解决问题的办法，而不能参考既定的模式。因此，只有通过创新才能解决程序化的和非程序化的管理问题。同时，创新就是为了适应内部和外部环境变化，组织对其自身进行部分或全部调整。外部环境时刻通过组织与外部之间进行包括物质、能量、人才、信息等各种交换影响着组织，而组织的内部环境也在发生变化。管理者必须根据内外部环境的变化来做出调整，保证管理活动的有序进行，以此实现管理目标。此外，符合经济和社会发展的总趋势的过程也是一个创新的过程。可持续发展已经成为社会和经济发展的主要趋势与主旋律，只有依靠管理创新才能实现既满足当代人的需求，又不以牺牲子孙后代的幸福为代价来实现发展。

1. 管理创新的概念

本文对管理创新的描述基于芮明杰关于管理创新的相关理论。芮明杰将管理创新定义为："创建更有效的资源集成范例，既可以是新资源的有效集成，也可以实现企业的目标和职责的全过程管理，以及特定资源集成和目标开发的细节。"该定义基于对管理的本质的把握，依据资源整合对管理创新加以理解和界定。以下是对该定义的具体描述。

（1）管理创新的主体是组织的全体员工。一个组织从高层管理者到普通员工，都应该积极参与到各项创新活动中去。但可能组织管理者在大多数情况下发挥着更为关键的作用。

（2）管理创新的动因是环境的变化。组织内外部环境发生的变化，导致了组织目前的管理落后于形势的发展，使得组织面临生存发展的危机。

（3）管理创新的直接目的是整合资源。通过各项创新活动，最大限度发挥组织各类资源的作用，从而最大化地创造价值。

（4）管理创新的最终目的是实现组织的目标。实施管理创新，有效地将各类资源进行整合，其最终目的是实现包括组织的近期和远期目标在内的组织目标。

（5）管理创新的手段是新的管理理念、战略、制度、程序、模式和方法。组织实现资源的有效整合是通过创造或是引进新的管理理念、战略、制度、程序、模式和方法来实现的。

（6）管理创新是一个过程。组织的管理创新是一项各个环节相互制约、相互配合并通过管理功能及文化、模式等一系列创新的实施来实现的管理创新活动。

2. 管理创新的研究

管理创新的萌芽被学界认为是在20世纪七八十年代提出的创新"双核心理论"。

（1）管理创新的内涵。就现有研究来看，管理创新的内涵相当丰富，包含组织结构、管理制度、控制系统、文化、流程以及协同机制等管理的各个层面。Pierre-JeanBenghozi 作为管理创新理论的代表人物提出了公司中的管理创新问题，并对比管理创新、产品创新和流程创新。但在他的研究中并未清楚地表达管理创新的定义。他梳理了管理创新与技术创新和市场创新之间的联系与区别。伦敦商学院管理创新实验室的 Birkimhaw 等将管理创新解释为"发明和实施一种全新的管理实践、过程、结构或技能，用来更好地实现组织目标的过程"。整体来看，国外有关管理创新的研究相对于技术创新有些薄弱，相比之下，国内学者在这方面做了相应的研究，尤其是对管理创新的含义的确切界定。芮明杰（1997年）、常修泽（1994年）等人是国内较为明确地定义了管理创新的首批学者，他们前瞻性的研究工作为该领域进一步深入的研究奠定了坚实的基础。此后，管理创新这一研究范畴越来越受到国内学者和管理人员的重视。为了较为全面地认识管理创新，也为后续研究工作的有序展开，通过综合与梳理现有的研究，将学界对管理创新的认识归纳为以下几点：

1）资源整合。芮明杰认为："管理创新是新的具体资源整合及目标制定等方面的细节管理，也可以是创造一种新的更有效的资源整合以达到企业责任和目标的全过程式管理。"根据他的定义，管理创新的本质是通过设计新的管理模式、创设新的组织结构、提出新的经营理念、运用新的管理方法或设立新的制度促进资源整合的效率，提高企业管理的综合效能。

2）方法创新。常修泽等人于 1994 年在《现代企业创新论》一书中指出：管理创新是在企业的经营活动中引入比之前方法更有效且尚未被企业采用的方式方法。比较典型的管理创新就是分离管理权与所有权。归根结底，管理创新中运用的新方法和技术创新有根本的区别，其主要是管理理念或管理方法上的突破，或者是创设一套新的有助于降低交易费用的规则或程序。

3）划时代创新。管理创新不同于渐进性的创新，它是影响深远甚至翻天覆地的创新，其本质是对经营环境或经营条件的重大变化作出的响应。这类创新相对于理论更注重实践，对组织能产生巨大的影响，且具有十分广泛的影响范围。

4）借助各种资源。由于管理创新颠覆了之前的管理理念、方法、模式等，且影响深远，所以其整个过程必须高效地运用包括人力资源在内的各种资源。

（2）管理创新的相关研究。苏敬勤等于 2011 年对以往文献和相关研究进行梳理，研究发现企业家、组织内部环境、组织外部环境 3 个层面 12 个影响因素对管理创新决策会产生影响:"企业家所受教育程度、在企业的任期、工作经验3个人口学特征,以及企业家对风险偏好程度、工作业绩需要、内在控制观个性特征,内部环境所属规模、资源依赖性、企业结构特征和文化程度,外部环境面临的市场动态性和制度的变更"。陆园园于 2009 年进一步研究对管理创新概念提出分析框架。程胜林于 2001 年通过深入研究提出了管理创新的基本原则以及四方面内容。现阶段,国内学者对管理创新的研究已经硕果累累,但多数研究集中在管理的方式、方法以及原则方面。

综上所述,以往关于管理创新的研究表明,该方面研究成果明显落后于技术创新,并且一般集中于对管理创新的定义、管理创新的过程、管理创新的分类、影响因子等内容的研究,部分学者研究了管理创新成果等方面内容。然而,很少有学者深入探索、研究管理创新的发起、决策和实施等问题。

3. 管理创新的动因

管理创新受两大动因驱使,包括内在动因和外在动因,主要有包括方面如图 1-2 所示。

(1) **实现目标**。组织随着发展所处的阶段不同,经营目标也会随着改变。当组织经营目标有变化,就一定要寻找有效的组织框架结构,配套相适应的协调功能,使企业发展可以充分利用内部资源,适应外部环境,确保新目标高效实现。

(2) **顺应变化**。影响组织管理创新又一关键动因是外部环境的不断变化,只有顺应这一变化,才能保障组织管理创新目标的实现。组织发展历程中,会被很多宏微观因素影响,

图 1-2 管理创新动因

包括经济、政治、社会、技术等因素的变化。这些变化的存在一方面为企业发展创造了很多机遇,另一方面也给企业经营带来很多挑战。企业在发展的浪潮中,只有不断进行管理创新,才能抓住机遇,迎接挑战,合理有效地配置组织资源,提升企业自身竞争力。

(3) **支持扩张**。目前企业主要采取的发展方针是扩大规模。但是,企业扩大规模会明显增加管理的难度和复杂度,而企业进行管理创新,可以凭借创新型管理模式代替原有的落后低效管理模式,从而满足扩大规模的要求。

（4）协同创新。在一定程度上，企业技术创新属于"硬件"创新，要求配套的软件协调推进，才能更大程度上发挥创新的作用，因此企业进行技术创新的过程中，也要重视和发展管理创新。

4. 管理创新的内容

关于管理创新的定义，美国著名经济学家 Joseph A.Schumpeter 于 1912 年在《Theory of Economic Development》(《经济发展理论》)中将其界定为："管理创新是企业在现有的管理系统中，引入新的管理要素或组合，从而促进组织目标实现的活动。"随着学者们研究内容的不断深入，关于管理创新内容的理论越来越丰富，主要包括四个方面，如图 1-3 所示。

（1）理念创新。理念是指对某种事物的观点、看法和信念。理念创新在管理创新中是最为重要的，影响极其深远，对于企业组织来讲，有思路才能有出路，为合理应对外部环境变化，组织必须树立全新的理念。管理理念创新是不断递进的过程，先否定自我，进而超越自我，是对已有的思维理念、传统方法和利益格局先否定后超越。

（2）制度创新。制度是组织成员统一要求履行的办事程序或行动准则。管理制度创新是指为适应生产力情况和经营状况的变化创建一套恰当的体系，从而维持组织健康持续发展。为了坚持科学合理、严谨认真的理念，使其契合企业发展实际，要从改革体制与完善制度方面加强管理创新。

图 1-3 管理创新内容

（3）组织创新。组织创新是随着外部环境改变，对组织结构的调整与变革，包括组织工作的框架及其管理方式。特别是在学习型组织中，要进行组织创新，就要废除陈旧体制，坚持分权和自治的观念，通过学习保证组织的高效运行。

（4）文化创新。现代管理理论研究得出结论，管理在某种程度上来说是一种文化。组织管理文化是对组织成员行为标准与方式的界定，并将组织成员紧密结合在一起。其主要包括组织的信念、价值观、行为目标及伦理道德等。企业组织管理应该根植于其文化中，随着其本身经营发展以及外部环境的变化，不断汲取新的管理知识，进阶为组织管理创新的动力源。

第二节　电力企业管理创新的意义和作用

现有关于电力企业管理创新意义和作用的研究成果，多数集中在竞争与发展方面，主要指管理创新与其他创新间的关系，电力企业管理创新研究成果的主要内容包括以下三个方面。

一、从竞争与发展的角度看

1. 管理创新是企业制胜的法宝

国外学者研究发现，英国作为产业变革起源地，通过管理创新促进工业飞速发展，进而成为当时经济实力强有力的国家。然而发展到 20 世纪，美国首次提出泰勒的科学管理理论，通过经验管理到科学管理研究成果的运用，美国经济实力成为世界之最。第二次世界大战后，美国再次进行"管理革命"，实现全面质量管理转变为组织结构重新构建，保证美国经济水平一直领先。美国经济持续增长离不开管理创新理念，而我国经济转型以来，面对市场经济的冲击，国际化竞争的考验，我国电力企业始终在国民经济中占据主导地位，对于国家经济稳定发展起支撑作用，正是由于电力企业的管理创新才推动了国民经济的平稳有序发展。管理创新既是企业不断发展的重要理念，同时也是保障一国经济发展与强盛的关键保障。

2. 管理创新是企业发展的永恒主题

管理创新在企业发展的各个阶段都存在，是企业稳固发展的理念。

（1）管理可以视为一种生产劳动，可以创造附加价值的生产力。对于发达国家，都非常重视企业的管理水平，甚至把管理、科学和技术视为企业持续发展的关键性指标。管理作为一种非物质要素生产力，和科学、技术一样是保障企业发展的重要方式。

（2）管理是企业生存和发展的重要保障。著名管理学家杜拉克在其研究中提到："管理可以视为企业的特殊器官，正是这种器官的成就决定着机构的成就和生存。"在某种程度上讲，任何企业的发展和进步都离不开管理创新。

（3）管理可以极大地推动人类社会的进步。企业管理可以作为社会宏观管理的微观元素，企业现代化发展离不开管理的现代化，为实现国家的现代化提供充分的物质技术基础。德鲁克提到："工商管理是本世纪成功的史实。它在自己的领域取得了成效。它所提供出来的商品、服务是 20 世纪初那一代人难以想象的"。

二、管理创新与其他创新的关系突显了电力企业管理创新的作用和意义

1. 管理创新是企业制度创新与机制创新的基础和保证

企业制度和机制在各项管理中起决定作用。对于电力企业来说，只有实现了制度创新，生成新的机制，企业才能靠实力真正融入市场，成为强大的竞争者。然而制度创新离不开管理创新，如果不建立起新的机制，只是应用计划经济时代传统管理模式，企业的效益就不会得到较大的成果，在市场中竞争力较低。管理创新通过巩固和发挥制度创新的成果，从而使得企业充满竞争活力。

2. 管理创新是企业创新中的主体要素

在企业发展历程中，管理作为一种特殊非物质生产力要素，对于企业生存和发展起主导作用和能动作用，实现价值创造。在企业各要素的创新中，管理都在创新中起主导作用，相对应的产品、技术、生产、作业流程、组织、市场等，都视为主体创新的客体对象。任何一家企业进行创新，必须对管理进行创新。企业管理创新是其他活动创新最基本的保障，同时肩负企业技术创新、管理制度创新乃至管理体制创新。管理创新成效对于其他创新业务起决定作用，在电力企业的各个创新活动中，管理创新是首要的、起决定作用的创新。

3. 管理创新是企业创新的有力组织保证

管理创新为整个企业的创新提供了有力的组织保证，主要表现在两个方面：一是构建了企业创新的组织和机制，使企业创新在组织上得到了有力保证。二是对组织结构进行创新使企业适应创新实施的需要。除此之外，管理创新对企业在技术和科技方面的创新也提供了有力的组织保证。主要表现在三个方面：其一，营造了一种积极的创新氛围，从思想上冲破计划经济观念的束缚，树立和增强市场意识、竞争意识和创新意识等，为企业各项创新工作的顺利开展创造环境和提供思想准备。其二，创新管理工作是最大限度地降低创新风险，确保创新成功，获取创新收益的重要环节。对企业而言，创新工作是一项高风险、高成本和高效益的系统工程。因此，精心策划、科学组织和精细管理自然是企业创新能够取得成功的保障。创新管理本身就是管理创新，很难想象一个没有高效率创新管理的企业创新能够取得成功。其三，管理创新为企业创新提供了动力机制，是企业创新能够自动、持续、深入开展的力量源泉。

三、国有企业管理创新作用的价值体现

王建民在《企业管理创新理论与实务》一书中提到了管理创新对于一个企业而言起着至关重要的作用。他认为:

1. 资源利用率提高

管理创新从本质上来讲是产生一种全新的资源整合利用和沟通调配方法,从而使企业的资源得到最大化的利用,所以管理创新使资源利用率提高。

2. 促进企业健康发展

对于一个企业而言,有序、协调的管理制度是促进企业健康持久发展的重要因素。管理创新通过产生更加高效的管理制度,不仅为企业的健康持久发展提供了有力的保障,还会使企业产生更大的作用力,促进企业快速成长。

3. 增强企业核心竞争力

随着企业的发展,技术已经不再是唯一的企业核心竞争力,而管理显得越来越重要。在管理上进行创新对企业而言,具有更加重要的价值。管理创新不仅可以高效整合配置资源,同时对提升企业的创新能力起着至关重要的作用,是企业核心竞争力的基础和前提。

4. 形成企业家阶层

所谓企业家阶层就是职业经理人,现代管理创新有助于产生一支新的职业经理人。这一群体的出现,不仅提高了企业资源的整合利用率,同时也标志着企业从技术创新向管理创新迈进。另外,职业经理人使企业的所有权和经营管理权分离,有利于企业的健康发展。

以上管理创新的作用,电力企业完全具有,同时电力企业作为一个重要的企业群体,其在管理创新的理论价值和现实意义方面都应具有自身独特之处。第一,电力企业进行管理创新的理论价值在于对于符合我国国情的企业管理发展规律的探索,为我国形成适合自身的企业管理理论提供了丰富的经验。第二,电力企业管理创新的实践意义在于管理创新是促进企业融入当代经济发展的唯一途径。所以说管理创新将会是电力企业实现对整个国民经济持久健康发展的支撑作用,也将是有效发挥对整个市场影响力与控制力等战略任务的重要保障。

第三节　电力企业管理创新存在的问题与原因分析

一、管理创新存在的主要问题

管理创新存在的主要问题如图 1-4 所示。

1. 基层单位被动应付

多年来，电力企业的创新激励机制主要是针对技术和科技创新，管理创新工作仅仅作为整个生产运营管理中的一个附加从属性工作，从未形成完善的运行机制，也未有相应的保障激励措施。管理创新工作的部署和推动仅限于公司分管部门，分管部门由于缺乏相应的政策、资源支持，心有余力不足，所有管理创新工作渐渐演变为各部门、各单位年度完成管理创新成果的总结任务。由于绩效考核等原因，任务必须刚性完成，导致基层单位对管理创新误解颇多。公司上下未能形成对管理创新工作的正确认识，加之要进行管理创新工作势必要消耗各部门与单位的人、财、物资源，导致基层单位对管理创新工作缺乏激情，被动应付。

图 1-4　管理创新存在的主要问题

2. 员工积极性不高

由于缺乏对管理创新工作的正确宣传和引导，公司范围内未能形成良好的管理创新氛围，导致大部分员工没有形成规范管理、标准化建设与创新之间关系的正确认识，局限于规范、标准的思维定式，难于突破原有的惯性管理工作思维。另外，由于缺乏对普通员工的激励措施，员工潜心钻研管理创新的动力不足；而由于沟通不畅，学习交流不够，员工近年来烦琐的事务性工作越来越重，使部分员工形成了惯性思维，工作激情消磨殆尽，疲于应付，缺乏总结和思考等创新的基础。

3. 部分成果推广不力

由于管理创新的资源与技术供给不足，企业创新需要和内在动力较弱，导致很多成果停留在工作总结阶段或借鉴他山之石阶段，由于缺乏深入的提炼总结和实践应用，导致成果的原创能力不强，成果与实践结合不够紧密。大多数的成果要么严重脱离实际，形成实际工作与管理成果"两层皮"，管理成果成了摆设；即使有高质量的管理成果，由于推广需要企业资源的支持，存在创新技术转移风险等原因，也被放置一边，实际效益不佳。

二、管理创新问题分析

管理创新存在的问题主要有以下三个方面的原因，如图1-5所示。

1. 认识片面，重视不够

长久以来，管理创新工作的重心都在分管部门对管理创新工作的总结上，从领导到员工，普遍认为管理创新工作的总结就是管理创新工作，认识不到管理创新的本质意义，甚至认为日常工作的总结就是管理创新，领导和员工没有深刻认识到管理创新与企业发展的关系，因此，对管理创新的主动性不高。主要表现在：一是领导层认识不够，企业领导层关心的是安全生产，认为管理创新与安全生产没有直接联系，相反可能造成安全隐患，因此推行意愿不高。二是管理创新工作推行步骤烦琐，且需要占用企业资源，企业中层"怕"字当头。三是管理创新工作缺乏群众支撑，一线员工对管理创新工作的理解存在误区，认为管理创新只是领导层的工作，占用工作时间，影响工作效率。

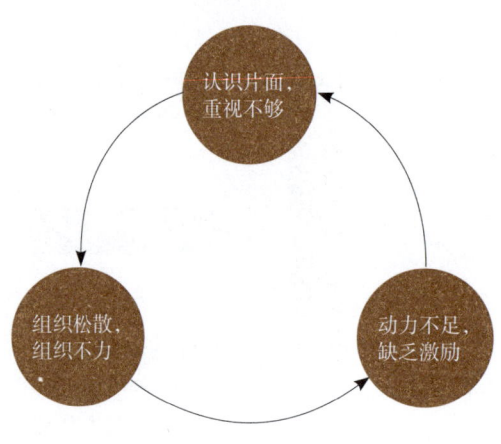

图1-5 管理创新问题分析

2. 组织松散，组织不力

管理创新工作是公司组织管理系统中各环节和要素的创新，与公司生产管理经营的各个方面关系紧密。做好管理创新工作需要组织协调公司全部力量，明确各级、各部门职责，营造管理创新工作气氛，形成党政工团共同管理的场面。但当前，公司的组织工作仅由归口管理部门企业协会承担，可支配的资源非常有限，与此同时尽管有相关规章制度和标准的约束，大多数工作还仅仅停留在督导、协助和帮扶的范畴，尚未形成长期有效的工作机制，管理创新工作薄弱，过程控制措施尚未落实，集中管理协调不及时，各部门协调配合意识不强导致缺乏对管理创新的有效组织支持。

3. 动力不足，缺乏激励

由于缺乏对管理创新工作重要性的认识，公司各个层面都没有足够的动力和积极性。公司的领导层没有认识到创新的战略意义，也没有支持这项工作。同时，由于缺乏制度、政策和物质保障，缺乏有效的激励机制，公司员工的发展管理创新没有受到相应的物质精神和管理创新对企业利益的刺激，没有认识到集体和个人的关系。管理创新不仅占用了部分业余时间，还产生了创新带来的费用，独立承担了创新应用带来的风险。另外，即使创新取得了成果，也与员工自身没有太大关系，员工没有积极性，所以创新管理工作难以开展，各方面动力明显不足。

第四节　电力企业管理创新的思路与主要内容

一、电力企业管理创新的总体思路

电力企业管理创新总体思路：依据公司发展战略，将管理创新融入实现公司战略的过程中，确保公司战略的有效实施，通过管理创新不断完善现代公司治理结构，并根据集约化、扁平化和专业化方向，科学规划电网结构，优化电网布局，促进电力企业的全面、协调、可持续发展。同时，要紧紧围绕改革方向，利用管理创新推进公司"两个转变"，特别是电力公司的要求：思想上，把管理创新提高到公司战略的高度。管理创新与公司电网建设、安全生产、经营管理、优质服务等各方面管理要素或要素组织的引入息息相关，它可以实现企业的一系列优化和整合，是企业逐步持续改进的保证，也是企业的发展模式。因此，转型的关键是公司将管理创新和企业管理创新能力提升作为公司的战略之一，形成一个充实、清晰的管理创新氛围，并密切关注公司的战略问题。在公司战略的指导下，管理创新的研究方向落在公司的核心业务、资源系统、科研体制、多元化产业、基础管理、信息系统、社会责任、民主管理、企业文化、品牌建设等方面。机制上，确立公司战略机制的模式。建立一个专注于公司战略方向的项目，重点关注工作、研发、约束、工作、激励、评估、应用和推广机制，以可持续发展、精细组织、科学规划为目标。扎实推进企业管理创新工作不断孕育和发展。保障上，建立公司战略保障机制。以促进公司战略发展为目标，着力构建"三集五大"管理体系，建立动员公司各级优势，畅通公司各方面管理，形成统一、高效、有力的保障措施。实践上，以公司战略实施为目的，将公司战略目标设定为基本要求，以推动公司战略发展作为企业最终目标和检验标准，全面开展企业管理创新成果的实践、应用和推广。

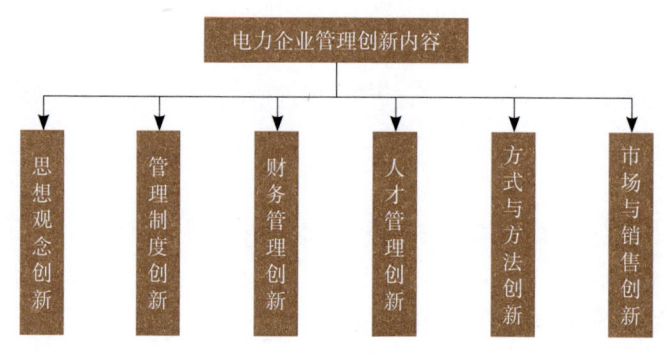

二、电力企业管理创新

电力企业管理创新的主要内容如图 1-6 所示。

图 1-6 电力企业管理创新的主要内容

1. 思想观念创新

建立符合市场运营和国际运营的管理理念，并对市场变化保持快速反应。实施全面的计划管理，发挥综合计划的平衡和监管作用。强化预算管理，深化对资金、资本、资产的有效运作，提高财务管理能力。合理优化电网建设和运营管理体系，加强市场、用电和客户结构的有效分析，加大市场开发力度，合理缓解导电价格矛盾，确保国有资产保值增值。创新公司经营战略，经营战略是基于外部环境和内部资源，总体规划业务发展手段和手段目标，以获得企业的生存和长期稳定的发展，并不断获得新的竞争优势。电力公司应了解经济全球化和当代科技发展趋势，认真把握国家宏观经济政策，了解该行业关键技术的发展方向，熟知企业生产能力、核心业务现状和主导产品在全球市场的地位及变化趋势。对由于外部环境变化给企业带来影响的因素进行及时跟踪研究，发掘自身优势，制定企业最优经营战略。

2. 管理制度创新

确保实行规范的公司制度改革，需要建立完善的现代企业制度。依据产权清晰、权责明确、政企分开、管理科学的要求，进一步明确各部门之间的职责，形成员工各自掌握自己的职责，做好所承担的工作，部门之间协调运转、有效制衡的法人治理结构。在市场着力转换企业经营机制的环境下，员工职务能上能下，收入能增能减；技术和管理需要不断进行创新；建立与现代企业制度相适应的收入分配制度。

3. 财务管理创新

财务的管理必须从之前单纯的服务生产向追求经济与社会利益并重的方向转变，这样才能够提高资本的运营效益；从生产经营领域向资本经营领域转变；从仅仅是依靠财务会计向主要依靠管理会计的方向转变；从会计电算化向管理信息系统方向转变。为了实现这四个转变，企业必须实现四个创新：一是企业的财务管理机制；二是明确公司内的产权关系；三是建立科学、合理、高效的决策制度以及有效的风险预防机制；四是要建立以公司本部为中心、以预算管理为龙头，注重财务决策分析以及把握经济运行规律。

4. 人才管理创新

电力企业想要建立适应企业发展的高质量职工队伍，需要根据企业发展战略的要求，做好人力资源开发规划，进行人才队伍的培养与选拔。针对市场经济的要求，明确企业与员工之间的劳动合同关系；电力企业需要根据自身行业特点按照法律相关条例确定自己的用工制度，鼓励员工竞争上岗，能上能下，采用择优录取的手段能够让人才有用武之地；采取合理的分配制度，建立管理科学的绩效考核制度，健全对企业负责人的激励与约束机制。

5. 方式与方法创新

管理创新的主要手段是通过采用信息技术来提升电力企业的管理水平。电力企业的管理当中通过使用现代化的信息手段，能够使得企业之间、各部门之间的信息交换清晰、明确，避免了由于信息不畅通导致的决策和管理上的错误出现。电力企业可以通过综合管理自动化系统软件来进一步提高企业的管理能力。

6. 市场与销售创新

认真对市场进行调研分析，尤其针对电力市场的分析，要及时了解电力市场的改革制度，掌握市场的有效信息，能够针对市场的变化，及时做出准确、有效的方案，这样才能更好地参与市场的竞争，除此之外，还需要更新服务意识，更好地为客户服务。对于电力市场我们不仅要精心准备对其进行调查，还要做到大胆预测，使企业能够更好地去掌握客户需求心理，精确寻找企业在市场中的地位。最大力度地发掘国内和国际的市场，采用有效、科学、合法的手段，使得市场的占有率大大提升。大力开拓国内和国际市场，采用合法的促销手段，提高市场的占有率。电力企业面对市场的竞争，需要以更优质的服务、更有效的工作能力、更科学的管理方式得到客户信任。

第五节　管理创新过程与项目实施过程

一、管理创新的过程

从电力企业的管理角度来看，创新的产生就是从一种新思想的产生，到研究、发展、试制，再到首次应用的过程。在创新的过程当中，任何一个环节都是缺一不可的，如果缺少任一环节，创新都不能够形成应用价值；如果其中的各个环节连接不紧密，都会引起创新的滞后，甚至停止，如图1-7所示。

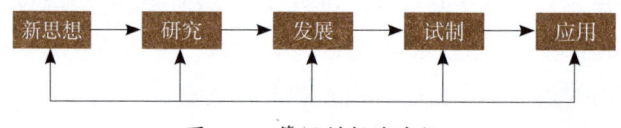

图1-7　管理创新的过程

二、管理创新项目实施过程

管理创新项目就是根据企业的特点，反映企业管理的客观规律，通过使用符合现代化管理的科学方法，创新出结构和功能比原先更优越、更科学的管理方法，使其能够达到或者优于国内外企业管理的先进水平，具有明显的亮点；或者通过对国内外现有的先进管理手段、成果进行改进、再创新。管理创新项目实施过程如图1-8所示。

```
┌──────┐
│ 开始 │
└──┬───┘
   ↓
┌────────────┐   ┌────────┐   ┌────────┐   ┌────────┐   ┌────────┐
│项目立项与  │→ │项目实施│→ │内部评价│→ │总结提炼│→ │项目验收│
│计划制订    │   └────────┘   └────────┘   └────────┘   └────┬───┘
└────────────┘                                                │
                                                              ↓
┌────────┐   ┌────────────┐   ┌────────┐   ┌────────┐   ┌──────────┐
│项目结题│← │成果评审与  │← │成果评审│← │表彰奖励│← │项目后评估│
└───┬────┘   │推荐        │   └────────┘   └────────┘   └──────────┘
    │        └────────────┘
    ↓
┌────────┐   ┌────────┐   ┌────────┐   ┌────────┐   ┌──────┐
│推广应用│→ │持续改进│→ │考核总结│→ │资料归档│→ │ 结束 │
└────────┘   └────────┘   └────────┘   └────────┘   └──────┘
```

图 1-8 管理创新项目实施过程

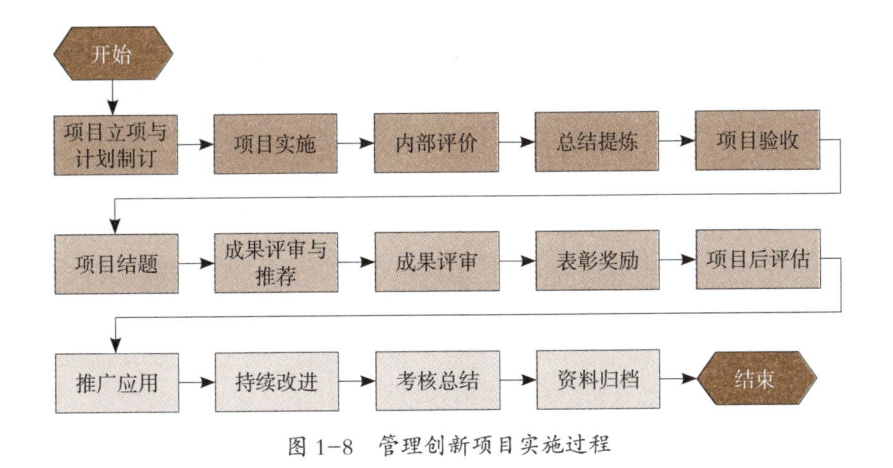

1. 项目立项与计划制订

公司需要定期组织员工开展管理创新的征集工作。征集工作的内容包括公司主要业务的精益化管理、企业文化的宣传、精品项目的推广、科学研究的产业化、基础管理的规范化、信息系统的科学化等。管理创新项目选题主要通过三种方式：根据上级主管部门下达的指令进行指令性选题；根据公司发展战略和管理要求进行指导性选题；结合本单位管理水平的不足或者需要提高的地方自己进行选题。

每年各个单位相关管理部门要根据自己公司的发展现状、生产指标完成状况、市场环境下面对的竞争、企业的特点等因素，寻找在管理手段、技术中所存在的不足及相关问题，精确把握管理创新项目的行动目标，防止纸上谈兵。公司要定期组织相关部门对自身的管理现状做分析报告，制定出管理创新项目，填写"管理创新项目实施方案"。

为了确保管理创新项目立项的实际性、创新性、针对性，公司组织相关部门进行立项调查，并且制订调查计划，审查合格后，管理创新项目计划及申报书，经部门或单位负责人审核后报送同级管理创新归口管理部门。各级管理创新管理部门对所有的管理创新项目进行汇总，并且及时组织评审委员会进行项目审查。管理创新项目立项审查，一般采用"审查会"的形式集中进行，必要时可以深入现场进行调研。管理创新项目立项审查需要从五个方面进行考虑，分别是项目的实施范围、重复性、必要性、咨询机构、预算经费。管理创新项目立项审查完毕，应填写管理创新项目评审表，提出评审意见，结论包括同意立项和不同意立项。其中同意立项包括按资金情况立项、按咨询机构立项。公司根据项目审查情况，确定公司重大管理创新项目、重点项目、一般项目，制定出公司年度管理创新项目计划及管理创新工作实施意见，报送给公司管理创新领导小组审批后下达各单位。为了保证管理创新工作能够按照计划推进，公司相关单位应设立管理创新工作专项经费，列入公司年度综合计划。

公司相关部门应制定项目经费管理办法，由项目所在单位（部门）按要求提交费用预算，由管理创新工作归口部门对其进行审核及控制使用。在项目计划下发15天之内，列入预算并且有经费支持的项目，管理创新归口管理部门应当与项目责任部门（单位）签订《管理创新项目责任书》，作为项目实施、工作检查、验收结题的依据。《管理创新项目责任书》主要内容包括：项目小组成员及分工、项目实施的主要内容、项目实施计划及时间安排、项目经费的预算和预计的研究成果。

2. 项目实施

对于纳入公司计划的重大管理创新项目，公司要根据管理创新项目所涉及的专业组织公司总部、各单位相关的专家和技术人员，组建管理创新项目组，并且编写项目实施计划方案。对于列入公司计划的重要、一般项目及列入各单位计划的管理创新项目，由管理创新归口管理部门组织项目责任部门（单位）制定相关的管理创新项目实施计划方案。管理创新项目实施计划方案的主要内容包括项目实施组织及项目成员、进度、项目责任人、项目成果报、成果实施中的验证方法等。在项目计划下达15天内，要制定出管理创新项目实施方案，并按照具体的要求交给管理创新归口管理部门备案、审查。公司要组织召开管理创新重大项目启动会议，印发管理创新重大项目实施方案，安排工作实施过程中的有关注意事项。作为公司管理创新的示范项目工程，公司重大的管理创新项目需要由公司统一进行指导和实施。为了加强管理创新工作全过程监督和管理，各项目组（责任单位）每季度末要定时向本级管理创新归口管理部门报送书面项目进展状况报告。各级管理创新归口管理部门及时掌握创新工作的进展情况，能够提出合理、科学的改进意见，并监督其实施。

针对重大项目，公司需要组织相关人员全过程给予检查指导。各级管理创新归口管理部门要定期检查管理创新项目实施方案的执行情况。上一级专业管理部门按照业务工作的进行情况，定期对下一级单位管理创新项目的实施情况进行检查、督促与指导。各单位应将管理创新项目实施情况纳入绩效考核，保证管理创新工作全过程实施质量。

3. 内部评价

在管理创新项目完成后，根据"管理创新项目实施方案"的原则，重点项目由项目责任部门与单位组成项目评价小组进行内部评价，其他项目由项目责任部门组织有关专业人员成立评价小组对项目实施情况进行内部评价。项目内部评价意见分为可以结题、不结题两种。

4. 总结提炼

针对内部评价结题的项目，项目责任单位需要对项目从开始到结束的过程进行总结，总结内容涵盖项目的研究背景、项目的主要内容和主要做法、项目的前景进行总结，并且撰写成果报告。成果报告的编写坚决杜绝弄虚作假，必须实事求是，以严格的科学态度为原则对项目的真实性和可靠性负责。

5. 项目验收

管理创新归口管理部门负责对项目进行验收，验收采用现场检查或者会议验收的方式进行。当一个项目结束之后，项目责任单位需要向本级管理创新归口管理部门提出验收申请，并且提交申请资料。当申请材料经过初审合格后，才能够下发验收通知以及需要采取的验收方式。针对每一个独立的项目，要成立一个项目验收小组，验收小组的人数一般为5人。所有参与过项目的本单位或者外单位的人员均不能参与项目的验收工作。验收小组对项目进行一系列的评判之后需要进行书面总结和分析报告，提出相应的验收意见，并且填写《管理创新项目验收意见》。

6. 项目结题

公司重大管理创新项目经验收后，组织召开结题总结会，将项目验收情况告知全单位，总结创新过程中存在的问题，提炼经验并提出相应改进措施。重要级、一般级管理创新项目验收后，公司专业管理部门组织项目结题；各单位管理创新项目经验收后，由各单位分别自行组织项目结题。结题完毕后通报各个项目验收情况，总结经验并作出改进。

7. 成果评审与推荐

公司每年度组织一次优秀管理创新成果申报，各单位采取自主申报、统一归口管理模式。按照隶属关系，各单位逐级提交推荐报告书、成果材料等纸质材料，同时向相应部门报送电子文档。经一年以上实际应用的成果方可进行申报，其所取得的经济效益数据，必须经由企业主管单位财务部门认可并出具证明。属于提高工效的创新成果，应简要说明其计算流程、测定方法和理论依据，经科学测定后，填写得到的提高工效数据，非管理要素取得的效益、效率等不得参与重复计算。集体创造的管理创新成果应填写主要创造人、参与创造人。但均应是真正参与项目，并推动项目进展、做出实际贡献的人员。个人创造的创新成果须经本单位相应部门确认，盖章后方可进行申报。

8. 成果评审

管理创新成果的评审由初审环节和终审环节共同决定。

（1）初审环节：成立评审专家组，评审专家组根据成果申报数量、专业特性等因素从专家库中抽取。专家组根据申报成果进行初审，填写《管理创新成果专家评审表》并提出专业评审意见。

（2）终审环节：成立管理创新评审委员会，结合专业评审意见对成果进行终审，根据终审结果评定管理创新成果特等奖（优秀管理创新示范工程）以及一、二、三等奖，突出成果可经由公司推荐，参加上一级优秀创新成果评审。

（3）管理创新成果评级如下：

特等奖（优秀管理创新示范工程）：高度创新，可操作性强，经济效益显著，成果可达到国内领先水平，并对推进企业现代化、促进管理科学化有重要作用。

一等奖：较高创新，可操作性较强，经济效益明显，成果可达到国内先进水平，并对推进企业现代化、促进管理科学化有积极作用。

二等奖：有一定创新，可操作性清晰，经济效益较为明显，并对推进企业管理现代化、促进管理科学化有新的贡献与进展。

三等奖：具有一定的经济效益，并对加强电力企业管理的某些方面有独特作用和实践意义。

优秀管理创新成果将被纳入公司成果数据库。公司将按照《全国企业管理现代化创新成果评定和发布办法》《全国电力行业企业管理创新成果评定办法》要求，统一组织向中国电力企业联合会、中国企业联合会推荐管理创新成果。

9. 表彰奖励

每年度公司组织表彰大会，表彰及奖励上年度公司管理创新优秀成果。为优秀成果颁发证书，并给予一定奖励。

10. 项目后评估

投入较大、效果较好、推广应用价值较高的管理创新项目，在项目完成三个月以后，各级管理创新归口管理部门应编制管理创新项目后评估计划，向被评估项目单位下达开展项目后评估活动。被评估项目单位应按计划积极配合评估工作推进。

管理创新项目后评估将对创新性、实践性、效益性、先进性、推广性以及组织管理等六个方面进行评估，每个方面均分别设立相应的评价指标以及评分标准。后评估报告应交由管理创新领导小组进行审定，经审定认为确实攻克了关键管理问题，有很高经济效益，并对提高电网安全稳定经济运行水平和企业经营管理水平有重大推动作用的项目成果，优先考虑推广。

11. 推广应用

各级管理创新归口管理部门向各专业管理部门下达成果推广应用意见，组织成果推广应用。推广应用实施完成后，各专业管理部门总结并提报成果推广应用情况，管理创新归口管理部门进行收集以便及时了解情况。各级管理创新归口管理部门成立专家组，评估管理创新成果推广应用情况，并及时公布评估结果，推进管理创新工作持续稳步开展。通过成果数据库、信息系统平台、召开管理创新成果发布交流会等多种形式进行成果发布、交流、推广，推动管理创新成果转化为生产力，对其进行推广并应用。各级管理创新归口管理部门将拟订推荐意见，上报管理创新领导小组审批，择优向国家有关机构推荐管理创新成果。

12. 持续改进

专业管理部门对管理创新成果推广应用情况进行评估，评估合格后，将先进的管理方法和做法形成管理标准，报送至本级标准化委员会审批并下发执行。若评估不合格，须由专业管理部门根据相应情况制定改进方案，持续改进直至满足要求，评估合格。

13. 考核总结

按照企业绩效管理流程，将管理创新工作纳入考核范围，根据创新工作开展情况进行奖励考核。各级专业管理部门、各单位依据公司绩效考核情况进行考核评比。每年年底公司开展创新总结大会，将管理创新工作所取得的成效进行总结，分析问题并提出解决方案，撰写年度管理创新工作总结报告，整理一年创新成效。

14. 资料归档

总结报告撰写完毕后，各级创新归口管理部门需及时将管理创新成果的相关材料归档。

第六节　管理创新方法及思维模式

一、创新技巧方法

为提高我们管理创新项目的质量和实效，可以应用下列方法。

1. 逆向思维法

管理创新首先来自思维的创新，来自创造性思维。逆向思维就是一种反习惯、反传统、反常规的创造性思维方式。

逆向思维法分为反转型逆向思维法、转换型逆向思维法和缺点逆向思维法。

反转型逆向思维法，指从已知事物的相反方向进行思考，产生发明构思的途径。

转换型逆向思维法，是指在研究问题时，由于解决这一问题的手段受阻，而转换成另一种手段，或转换思考角度思考，以使问题顺利解决的思维方法。

缺点逆向思维法，是一种利用事物的缺点，将缺点变为可利用的东西，化被动为主动，化不利为有利的思维发明方法。

2. 智力激励法

智力激励法又称为头脑风暴法，是一种广泛应用的创新方法。通过会议形式激励参与者的智力，使其能够在较短时间内发挥集体的创造力从而获得较多的创造设想。

智力激励法的法则是自由奔放、严禁批判、追求数量、善于利用他人的想法开拓自己的思路。其实施步骤可分为：准备、热身、明确问题、自由畅想、评价与发展等。

经过实践和发展，智力激励法已经形成了一个发明技法群，如奥斯本智力激励法、默写式智力激励法、卡片式智力激励法等。

3. 检核表法

检查表法是在实际解决问题的过程中，根据需要创造的对象或需要解决的问题，先列出有关的问题，然后逐项加以讨论、研究，从中获得解决问题的方法和创造发明的设想。

应用检核表法进行管理创新，可从取消、合并、重排、简化方面入手。

取消：是否有工作内容、工作步骤和环节可以取消；是否有不安全、不准确、不规范的动作可以取消；是否有不方便或不正常的作业可以取消；是否有不必要的闲置时间可以取消。

合并：能否合并流程图上的操作项目；能否把各个小动作合成一个连续的曲线动作；能否把几种工具合并为一种多功能的工具；能否把几道分散的管理流程合并为一个新的管理流程。

重排：可否重排流程图上的作业序列；可否重排工作流程，使程序优化；可否重新布置工作现场，使路线缩短；可否重新安排作业分工，使工作量均衡等。

简化：能否用最简的动作来代替烦琐程序和复杂操作；能否简化必要的设计结构，使工艺更合理，能否简化作业方法。

4. 类比法

类比法是根据两个（或两类）对象之间某些方面的相同或相似而推出它们在其他方面也可能相同或相似的一种方法。类比法既不同于归纳法（特殊到一般），也不同于演绎法（一般到特殊），而是从特殊到特殊的一种独特方法，可以在前期积累水平较低，还不具备归纳和演绎的条件下进行应用，在较为前沿复杂的创新领域中具有重要作用。

类比法可以将陌生的对象与熟悉的对象相对比，把未知的事物与已知的事物作对比，由此物及于彼物，由此类及于彼类，可以起到启发思路、提供线索、举一反三、触类旁通的作用。

5. 联想发明法

联想发明法是创新者在创新活动中受到某种启示，联想到其他事物，产生创意，形成方案，解决问题的方法。联想法具有普遍适用的意义，是创新的基本方法，是创意产生的根源，是创新构想的催化剂。联想法可分为自由联想法、控制联想法。

受明确目的控制的联想,是为了实现某种特定任务而进行的想象。特点是有明确的动机和愿望,有明确的方向,所联想的一切都是为了完成某种特定的任务。分为相似联想和对比联想。相似联想,即按照事物之间的某种相似之处进行联想。因果联系联想,由原因想到结果或由结果想到原因的联想;对比联想,由现存事物的对立面或相反的方面联想。

6. 中山正合法

该法根据人的高级神经活动理论,把人的记忆分为"点的记忆"和"线的记忆"。由第一信号系统对具体事物形成的条件反射,称为"点的记忆";由第二信号系统对事物的抽象化而形成的条件反射,称为"线的记忆"。如果通过联想、类比等方法来搜索平时积累起来的"点的记忆",经过重新组合,把它们连接成"线的记忆",这样就会涌出大量新的创造性设想。

需要了解有关问题。设定一个关键词以易于进行类比和联想,从该关键词开始询问"联想什么""比如像什么一样"一类问题。将被问者得出的类比和联想记在卡片上,排列在关键词的下面。把自由的线性联想产生的这些构思的卡片弄乱,然后,依靠想象力重新组合起来,引入到明确构思的道路上来。

7. 亲和图法

亲和图法又称 KJ 法,即针对某一问题,充分收集各种经验、知识、想法和意见等语言、文字资料,并按其相互亲和性归纳整理,使问题明确起来,求得统一认识。

KJ 法常用于迅速掌握未知领域的实际情况,找出解决问题的途径。对于难以理出头绪的事情进行归纳整理,提出明确的方针和见解。通过管理者和员工一起讨论和研究,有效地贯彻和落实企业的方针政策。成员间互相启发,相互了解,促进为共同目的的有效合作。

8. 移植法

移植法也称"渗透法",是指运用联想思维,把某一领域的新理念、新流程、新方法和新措施移植、应用或渗透到其他领域中,为解决其他学科、技术领域中的疑难问题提供启示或帮助,从而得到新的进展的一种方法。从思维的角度看,移植法是一种侧向思维方法。通过相似联想、类比,力求发现从表面上看来仿佛毫不相关的两事物之间的联系。

要善于联想，善于从其他事件、现象中寻找启示，努力提升创新主体"辐射"能力，善于从看似无关的事物中寻找启示和线索。在创新过程中还可以采用组合移植法，即按照一定的管理原理或管理目的，将现有的管理资源、流程等管理要素作适当组合而产生出新流程、新方法、新方案、新服务的管理创新技法。

9. 组合法

组合法的客观依据是事物的普遍联系，是事物联系的复杂性和多样性。运用组合法要求一是要求有明确的目标，二是了解各个部分的性质和功能，三是形成有机统一的组合，四是从整体最优化的角度考虑组合方式。组合法的形式多种多样，主要介绍主体附加组合、同类组合和异类组合。

主体附加组合是指在创新中对原有事物的主体不加变动，根据需要增加某些要素、某些功能的组合。同类组合是指若干个同类事物组合成新事物，产生新的性质和功能。异类组合是通过不同要素的组合形成创新的基本方法。

10. 缺点列举法

缺点就是问题。解决问题的前提是发现缺点，找出问题。缺点列举法就是从"有什么缺点需要改进"来找出更好的办法。这一方法的途径是发现问题，其实质是进行分析，通过对考察对象的缺陷一一列举，然后予以改进的方法。缺点列举法是围绕现有事物的缺陷进行，重在对现有事物的改进和革新。

使用缺点列举法，一是要明确审查的对象；二是要尽可能多地列出它的缺点；三是要研究缺点的性质、原因、地位、作用、影响，从而确定改进的价值；四是要研究改进的条件和措施。

11. 希望点列举法

希望点列举法是根据提出的种种希望，经过归纳，沿着所提出的希望去进行创造的方法。希望点列举法是一种积极主动型的创造方法，依据现在事物的状况，列出事物被希望具有的属性，发现新的创新目标的方法。

希望点列举法就是为找出事物的新属性，提供各种可能的创新目标。希望点列举法不受现存事物的局限，敢于超越现存事物已展现出来的属性，大胆设想事物发展的未来属性，展示出事物美好的前景，充分调动主体积极性、创造性。

二、创新思维模式

1. 发散思维

发散思维也叫扩散思维、辐射思维、放射思维。它是指以一个问题作为思维的出发点或中心，围绕某一问题沿着不同方向、不同角度、向上下左右多方位的思考方式，从多方面寻找问题的多个答案的思维方法。这种思维过程是一个流动的、开放的、不断发展的过程。

2. 联想思维

联想思维是人们基于事物在空间或时间上的接近而形成的联想，借助事物在形态、形状、性质、功能、用途、概念、文字、语音等方面的相似性进行联想，从某一种动作、程序、原理、方法得到启发，用类似的办法解决其他问题的思维过程。

3. 逆向思维

逆向思维则是从相反的、对立的、颠倒的思路去思考问题。逆向思维是使知识和经验向相反方向的转移，是对习惯性思维的一种自觉冲击。逆向思维的成功率在各种创新思维形式中是最高的，所以逆向思维是发散思维的一种最重要形式之一。被人们认为是"绝对不可能"的地方，大多数人都不会再去认真思考，形成了"思维的盲区"。所以人们常常因此而失去了许多机会，也有很多人因此而遗恨终生。逆向思维的关键是点亮思维的盲区。

4. 灵感思维

灵感思维的现象是指在思考某个问题时，长时间不得要领。但不知何种原因，突然间获得了某种启示和灵感，使问题在一瞬间获得解决。灵感思维在科学家的科研中，以及早很多新事物的发现、发明创造过程中屡见不鲜。阿基米德破解"王冠掺假之谜"，砸中牛顿的苹果，施特劳斯的《蓝色多瑙河》……科学与文学上像这样在梦境中获得创造灵感的事例不胜枚举。剑桥大学胡钦逊教授调查发现，有70%的科学家回答说从梦中得到过帮助。日内瓦大学对数学家做过类似调查，69个数学家中有51个认为睡眠能够解决问题。

第七节　管理创新的基本规范及评审原则

一、管理创新基本规范

管理创新成果要有实实在在的创新实践，能够解决实际问题，要有实实在在的创新效果，并取得明显成效。管理创新成果是一篇好文章、有一套新做法、有一组好数据，是一种新实践。

创新成果要具备科学性（内容严谨）、系统性（条理清楚）、吸引力（愿意看）、说服力（有道理）、感染力（希望学），如图1-9所示，成果主报告构成如图1-10所示。

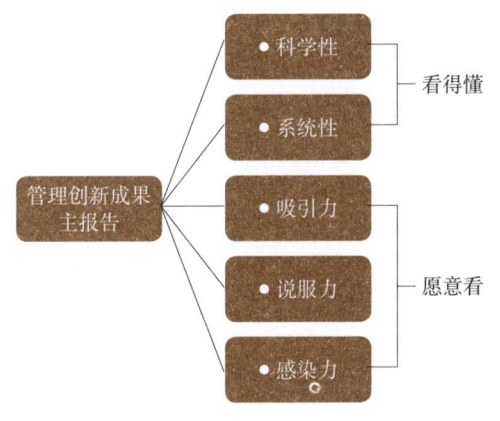

图1-9　创新成果报告

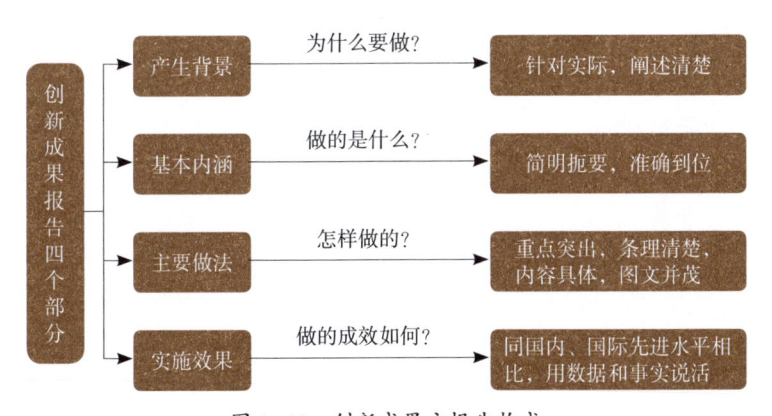

图1-10　创新成果主报告构成

（1）产生背景：提出问题，企业面临的环境和任务是怎样的？现有的管理怎样不适应，需要解决问题是什么？

（2）基本内涵：问题内容，指出做的是什么。

（3）主要做法：分析问题，逐一解决问题，从哪几个方面，采取什么办法解决问题。一个方面一个方面地分析问题、解决问题。

（4）实施效果：评价解决问题的效果，回答背景提出的问题解决了没有，解决到什么程度了（水平）。

1. 题目如何写

1）要鲜明地反映出成果的核心内容及特色，名字中包括业务范围、内容、采取的措施、取得的成果或目标。

2）概括为一句话，简洁、准确、有吸引力，短促的排比句，以20字内为最佳。

3）不要出现本企业名称、创造人姓名及成果内容的字母缩写等。

4）不建议直接采用科目名称，不要以"××模式""××法""××课题"等命名。

案例一：原题目：《物资部组织开发ERP端协议库存相应功能》

修改后：《创新招标采购执行模式，确保农网升级改造工程物资供应》

案例二：原题目：《票据集中管理》

修改后：《财务集约化、信息化管理体系下的"票据集中管理"模式》

2. "前言"写什么

1）企业的总体情况（300~500字）。

2）企业所属行业。

3）地区和产业性质。

4）主要业务。

5）规模。

6）效益。

7）行业地位。

3. 背景

主要介绍为什么实施本项管理创新，分析当前面临的问题和内外部环境或条件的变化，反映企业开展管理创新的必要性、迫切性和所要达到的目标。

背景部分的写作要领:"四要""四不要"。

1)要紧紧地针对成果题目,回答清楚为什么要进行这一创新,不要跑题。例如,不管写什么成果,都从贯彻党的十八大说起,说了很多与本成果没有直接联系的空话、套话、政治口号。

2)要把理由一条一条梳理清楚,彼此之间不重复,有一定逻辑关系,不要写乱了。

3)内容要让读者看明白,并且心服口服,不要匆匆忙忙,一条没有讲透彻就转入别的话题。

4)眼光要看得高一些,充分说明它的重要性、迫切性,不要仅仅就事论事讲理由。

4. 内涵和主要做法

成果内涵主要反映本项成果创新的基本内容和特色,需要高度概括、反复提炼(300~500字)。

各项做法是主报告的核心内容(一般占成果主报告字数的70%),应包括针对什么问题?解决问题的基本思路是什么?采取的具体解决措施有哪些?

写好主要做法部分应注意的问题:

1)紧扣主题,不要跑题。

2)设置好一级标题,从几个方面总结创新成果的做法,做到条理清楚、内容系统、合乎逻辑。

3)突出重点、突出特点、突出亮点,不要硬性求全,不要把企业或本部门做得好的事情都往成果里面塞。

4)采用"分析问题——相应对策"的写法,把做的是什么、为什么、具体怎样做的,一层一层地分别写清楚。

5)要站在读者的立场上想一想,这样写读者能否看明白,特别是外行能否看明白。

6)结合实例,图文并茂,生动活泼,形象具体,同时也可以压缩文字。

7)要有结构,如图1-11所示。

① 遵循模板结构,不进行反复空洞的理论描述;

② 采取"总分总"的叙述方式进行阐述;

③ 具体到模板中提到的每个结构也是采取尽量先总结后扩展解释的做法;

④ 善于拥有小标题,做到将重点及亮点第一时间在第一位置呈现。

举例

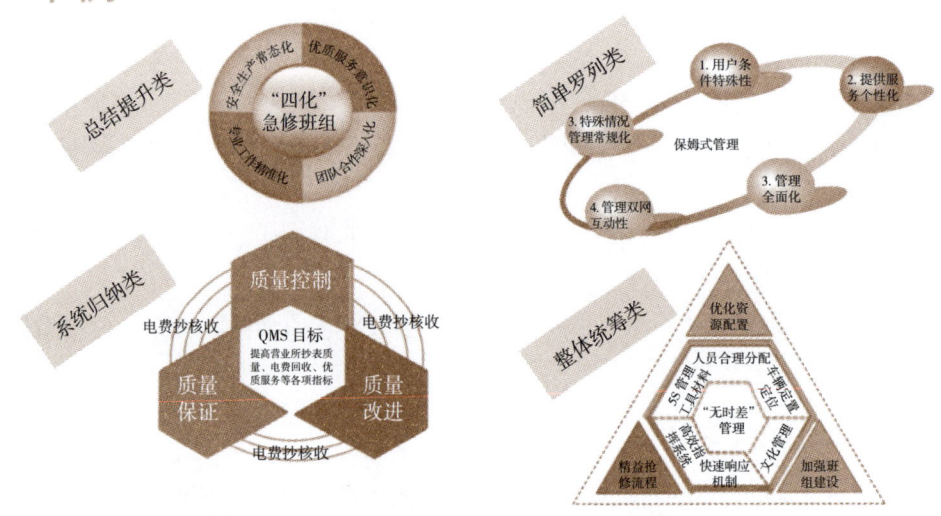

图 1-11 报告结构举例

5. 实施效果

主要介绍通过实施本项管理创新企业所发生的显著变化。要注意反映出背景中所提到问题的解决情况。

实施效果有哪些？经济效益、社会效益、技术指标、管理水平、人力素质、生态效益效果。写法注意：不要过长，适当列举，但篇幅不要大。

二、管理创新评审原则

管理创新评审原则见表 1-1。

表 1-1　　　　　　　　　管理创新评审原则

评审项目	评审内容	评审要点	权重分值
创新性 （20分）	创新性质	成果在公司范围内的导向性率先发现问题，并借鉴先进管理理论、方法和经验，提出解决问题的途径或手段，填补公司管理领域空白	7
	创新水平	与公司、行业、国内、国际范围比较，具有先进性	7
	项目规模	对企业发展有全局性的推动作用，在实施过程中涉及多系统、多层级、多要素的总体性项目	6

续表

评审项目	评审内容	评审要点	权重分值
科学性（20分）	创新领域	符合公司战略发展要求	7
	科学价值	具有理论价值，符合管理学基本原理，遵循企业管理一般规律	7
	推理分析	内容翔实、逻辑清晰、实施过程严谨得当	6
实践性（20分）	实践检验	经过实践检验、真实反映企业在管理活动中已进行的成功实践	5
	符合法规	经过实际应用，符合国家法规、政策	5
	切实有效	符合公司管理规定、切实解决企业管理中问题	5
	正向促进	经过科学评估、测定与计算，提升企业管理水平	5
示范性（20分）	示范引领	在管理学理论、公司创新实践领域具有先导引领作用	5
	准确规范	命题准确、结构合理、文字规范	5
推广性（20分）	导向正确	成果在公司范围内的导向性	4
	实操性强	在推广过程中的可操作性	4
	改进空间	项目是否具有持续提升空间	4
	推广价值	成果适用领域、范围，应用前景	4
	借鉴作用	对于公司系统其他企业管理、基础管理工作借鉴作用	4
效益性（10分）	效益显著	取得社会效益、生态效益、经济效益	5
	佐证充分	所取得效益作证材料翔实、客观	5

第八节　管理创新成果要素

管理创新成果：运用现代管理学理论，在企业制度、管理理念、管理方式等方面提出的具有创新、改进并经实践证明有明显作用和效果，同时具有科学性、先进性、实践性、效益性、推广性等特点的办法和措施。

为体现公司企业管理现代化水平和趋势，总结提高和推广应用管理创新成果，不断提升管理效率和综合实力，对于管理创新工作中总结出的成果必须满足"创新性、实践性和效益性"的要求。

（1）创新性。符合管理科学原理，能反映一定管理领域的客观规律，达到或超过国内先进水平；应用国内外已有的成果，在实践中确有改进和发展的创新因素；引进国外最新先进管理技术在国内首次应用获得成功。

（2）实践性。符合公司战略部署要求，能够体现战略的引领性，达到行业先进水平；符合公司党委工作部署要求，在重要工作落实中形成的创新做法，并得到上级领导的广泛认可。符合国家经济技术政策、法规，体现国家指导企业工作的客观需要，并以实践检验，且具有导向性、可操作性和推广价值。

（3）*效益性*。工作效率高，经济效益显著。成果必须经过一年以上实践应用，成果取得的经济效益数据须经过单位财务部门审核盖章出具证明。属于提高工效的成果，应进行科学测定，并出具提高工效的数据证明，简要说明测定及计算的方法和依据。成果取得的经济效益数据不包括成果之外管理因素所取得的效益和效率。

第二章 技术创新

第一节 科技创新

"创新是一个民族进步的灵魂,是一个国家兴旺发达的不竭源泉,也是中华民族最鲜明的民族禀赋。"党的十八大以来,习近平总书记把创新摆在国家发展全局的核心位置,高度重视科技创新,围绕实施创新驱动发展战略、加快推进科技创新为核心的全面创新,提出了一系列新思想、新论断、新要求。

当代中国已跃升为世界第二大经济体,经济发展成就举世瞩目,但技术创新在经济中的贡献与发达国家相比仍存在较大差距,迫切需要走上通过创新驱动促进经济增长的道路。

科技创新代表了人类知识文明的进步,而技术创新则体现了经济价值,并进一步作用于社会价值的贡献。因此每一次工业革命均伴随着"科学—技术—生产—经济—社会"这根链条循环发展。

一、概念

公司开展的技术创新主要是指服务于公司和电网发展而组织实施的研究开发项目,主要包括新技术应用、新工艺实施、新产品引入、新材料应用、新标准、决策支持技术的研究以及试验能力提升等项目。

二、攻关团队

科技项目申报一般由攻关团队申报,科技攻关团队申报要求如图 2-1 所示,科技项目技术领域名称可由表 2-1 中选取。

图 2-1 科技攻关团队申报要求

表 2-1　　　　　　　　科研项目技术领域名称一览表

序号	技术领域
1	新能源发电机装备技术
2	新能源发电网源协调技术
3	特高压输变电技术
4	一次设备及其智能化技术
5	输变电设备运行及管理技术
6	电网防灾减灾技术
7	输变电工程设计与施工
8	配电网技术
9	用电与节能技术
10	分布式电源与微网技术
11	电动汽车充换电技术
12	大电网安全分析与规划技术
13	电网安全控制与保护技术
14	常规电源网源协调技术
15	电力系统自动化技术
16	电力市场运营技术
17	电力信息技术
18	电力通信技术
19	电力电子技术

图中文字：
1 团队负责人为公司副科级干部
2 攻关方向须有连续性
3 联合国内 211、985 类高校

续表

序号	技术领域
20	大规模储能技术
21	新材料及应用技术
22	电网环保技术
23	电测量技术
24	决策支持技术

三、项目流程

1. 项目周期

科技成果不是当年就能完成的，地市级奖要求项目实施完成并运行满 1 年，行业（省部级）奖要求项目实施完成并运行满 2 年，国家奖要求项目实施完成并运行满 3 年，如图 2-2 所示。

图 2-2　项目申报周期

第一年为项目申报年，由具备攻关团队的单位针对技术攻关领域进行项目申报。经公司对应专家评审后完成项目入库。

第二年为项目实施年，同项目中标单位共同研究、实施并形成成果。

第三年为验收、报奖年，完成验收，准备申请公司科技奖励材料；同时准备申报省部级科技奖励。

2. 项目实施

项目通过验收评审，通过后支付60%，项目稳定运行一年后，开展后评价，支付10%。科技项目实施流程如图2-3所示。

1. 综合计划下达项目及费用
2. 创建ERP项目和编写项目计划任务书
3. 项目技术规范编写及ERP项目招标
4. 签订合同，当年支付项目30%
5. 督促项目按照计划任务书实施

图2-3 科技项目实施流程

3. 项目验收

科技项目下达次年，1—3月督促项目承担单位编写完成报告书及验收资料，要求必须有查新报告（包含电力科技库，国内外查新）、审计报告（第三方事务所审计）、费用决算报告、应用证明等。4—6月参加公司组织的统一验收评审，项目负责人必须参加验收评审，并回答专家组提问。项目完成评审后，根据项目评审意见申报省部级奖励。

专家评审工作分技术评审和经费评审两个环节，技术评审依据相关要求，进行项目可行性论证和分级评价；经费评审依据相关要求，对项目经费预算的合规性和合理性进行审核。

项目验收的主要内容包括：

1）资料的规范性、完整性；

2）计划任务书规定的研究内容；

3）预期目标完成情况；

4）取得的成果、知识产权和应用前景；

5）项目经费使用的合理性、规范性和第三方审计报告；

6）提供查新报告、论文、授权专利等支撑材料的项目，可给予成果水平评价。

在项目验收专家意见表中，专家组根据验收资料认为：项目完成了计划任务书规定的研究内容，同意通过验收；根据国家查新一级机构（查新单位）提供的国内/外查新资料，研究成果在××××方面达到了××××（国际先进、国际领先、国内先进、国内领先）水平。国际先进、国际领先可申报国家科技奖励，国内领先、国内先进可申报省部级奖励。

4. 项目报奖

1）通过公司验收评审的项目，根据公司评审意见申报地市级科技奖励（评审意见中一般有国际先进、国际领先、国内先进、国内领先等字句，国际先进、国际领先、国内领先一般申报二等奖及以上，国内先进一般申报二等奖及以下）。

2）申报项目经公司审核、盖章后参加评审。

3）地市级相关部门组织专家进行统一评审，评审结果在网站公示。

4）获得地市级二等奖及以上项目，若申请省部级奖项，需组织正高级专家对项目进行鉴定，并出具鉴定意见书；根据鉴定意见书意见选报省部级技术发明奖、科学技术进步奖。

5）获得省部级科技奖励二等奖及以上的，可申报国家科技奖励。

6）申报省部级奖励需依据相关奖励办法执行。

5. 项目经费

科技项目费用是指科技项目组织实施过程中与研究开发相关的各项费用，包括直接费、间接费、外委支出费和税金。

其计算公式为

科技项目费用＝直接费＋间接费＋外委支出费＋税金

（1）**直接费**。直接费是指项目研究过程中直接计入项目成本的费用，包括人工费、设备使用费、业务费、场地使用费和专家咨询费，其计算公式为

直接费＝人工费＋设备使用费＋业务费＋场地使用费＋专家咨询费

1）人工费。人工费是指直接参与科技项目研究的人员所开支的各项费用，人工费包括专职研究人员人工费、劳务外包人员人工费和临时性研究人员人工

费，其计算公式为：

人工费＝专职研究人员人工费＋劳务外包人员人工费＋临时性研究人员人工费

专职研究人员人工费＝人员数量（人员类型1）×工作月×标准1＋人员数量（人员类型2）×工作月×标准2＋加班费

劳务外包人员／临时性研究人员人工费＝人员数量×工作月×标准3＋加班费

$$加班费 = \sum_{\substack{i=1 \\ j=1}}^{\substack{j=2 \\ i=3}} \left[\left(加班人数 \times \frac{月工资标准}{21.75} \right)_{类型j} \times (预计加班天数 \times 倍数标准)_{类型i} \right]$$

人工费主要包括基本工资、工资性补贴、辅助工资、职工福利费、劳动保护费、社会保险费、住房公积金等。

专职研究人员中，人员类型1为高级研究人员（含项目负责人、子项目负责人、项目骨干研究人员和其他高级研究人员），标准为2万~3万元／（人·月）（标准1）；人员类型2为其他研究人员（含中初级研究人员、技术工人、博士后、研究生等其他研究人员），标准为1.5万~2万元／（人·月）（标准2）。此外，对属于公司"千人计划"等高层次引进人才的项目研究人员，人工费标准应按相关合同或协议据实列支。

劳务外包人员是指承担单位将部分研究业务外包给相关机构，由该机构按照承担单位要求安排的用于完成相应研究任务的人员，临时性研究人员包括单位实习生、社会短期聘用人员、兼职研究人员等。劳务外包人员人工费和临时性研究人员人工费应参照当地科学研究和技术服务业从业人员平均收入水平（标准3），根据其在项目研究中承担的工作任务确定。

加班费公式中类型i表示加班日的类型，分为一般工作日、休息日和法定休假日三类；类型j表示加班人员的类型，分为类型1和类型2两类。加班时间和加班费倍数标准参照劳动法相关规定执行。

人员工资列入国家、政府等财政预算的单位不得列支专职研究人员人工费。

人工费应考虑项目研究人员的智力投入水平，按照成果类型实行分类控制。研究成果为研究报告、自行开发软件等以人员智力投入为主的研究项目，人工费不得超过项目总费用的65%；研究成果为硬件产品、材料费及外协加工费比重较大的研究项目，人工费不得超过项目总费用的35%；其他类型的研究项目，人工费不得超过项目总费用的50%。

2）设备使用费。设备使用费是指项目研究过程中使用本单位现有仪器、设备及软件所产生的费用。现有仪器、设备使用费和现有软件使用费的计算公式为

现有仪器设备使用费＝折旧费＋大修理费＋经常修理费＋安装及拆卸费＋场外运费＋操作人员人工费＋燃料动力费＋养路费及车船税

现有软件使用费＝摊销费＋维护费＋技术服务费＋培训费

3）业务费。业务费是指项目研究过程中发生的材料消耗、资料购置、报告印刷出版、知识产权申请、组织会议、差旅、人员培训等方面的费用。业务费包括材料费、资料、印刷及知识产权费、会议、差旅及国际合作交流费，其计算公式为

业务费＝材料费＋资料、印刷及知识产权费＋会议、差旅及国际合作交流费

4）材料费。材料费是指项目研究过程中消耗的各种原材料、辅助材料、低值易耗品、元器件、试剂、部件等费用，其计算公式为

材料费＝材料消耗量 × 材料预算价格

总价高于5万元的材料应列示清单。

5）资料、印刷及知识产权费。资料、印刷及知识产权费是指项目研究过程中需要支付的文献检索、资料购买/复印/翻译、论文/专著/报告印刷与出版、专利申请及其他知识产权事务等费用。

资料、印刷及知识产权费总额原则上不超过40万元，如项目研究确有需要（如购买地图、气象数据、数据库、专著出版、国际专利申请等），需提供详细的编制说明。

6）会议、差旅及国际合作交流费。会议、差旅及国际合作交流费是指项目研究过程中发生的会议费、差旅费和国际合作交流与培训等费用。

7）场地使用费。场地使用费是指项目实施过程中需使用本单位或外单位的房屋、库房用作研究人员的办公场所或大型设备仪器占用地所产生的费用，包括场地物业费和场地租金，其计算公式为

场地使用费＝场地物业费＋场地租金

场地物业费＝占用场地面积 × 占用时间 × 单位面积物业管理费

场地租金＝占用场地面积 × 占用时间 × 单位面积场地租金

8）专家咨询费。专家咨询费是指项目研究需要聘请咨询专家而支付的费用，其计算公式为

专家咨询费 = 咨询专家人次 × 人员标准 × 天数

单次咨询活动专家人数原则上不超过 15 人／次。

专家咨询费人员标准原则上按照高级专业技术职称人员 1500～2400 元／（人·天）（税后），其他专业人员 900～1500 元／（人·天）（税后）计列，院士、全国知名专家可按照高级专业技术职称人员的专家咨询费标准上浮 50% 执行。

以会议、现场访谈或者勘察形式组织的咨询，当咨询活动超过 2 天，第 3 天及以后专家咨询费标准按上述标准的 50% 执行；以通讯形式组织的咨询，专家咨询费标准按上述标准的 20%～50% 执行。

项目执行期在一年内的，专家咨询费总额原则上不超过 20 万元；项目执行期在一年以上的，每增加一年专家咨询费总额增加 15 万元；预算超过上述标准的项目需详细说明。

（2）间接费。间接费是指项目承担单位为组织和支持项目研究而发生的难以在直接费中列支的各项费用，包括项目管理人员人工费及差旅费、办公用品费、公用设施使用费和项目预算执行审计费等。

间接费实行总额控制，上限标准使用分段超额累退比例法计算，按照不超过项目总费用的一定比例核定，具体比例如下：500 万元及以下部分不超过 20%；500 万元至 1000 万元的部分不超过 15%；超过 1000 万元的部分不超过 13%。

（3）外委支出费。外委支出费是指项目承担单位（合同乙方或合同受托方）将研究、试验等工作以合同或协议形式委托给项目承担单位以外的其他单位所发生的费用，包括外委研究支出费、仪器设备租赁费和外协测试试验与加工费，其计算公式为

外委支出费 = 外委研究支出费 + 外协测试试验与加工费 + 仪器设备租赁费

外委研究支出费是指项目承担单位（外委项目合同乙方或合同受托方）将研究工作部分委托给项目承担单位以外的其他单位所发生的费用。项目主体研究内容不得外委给其他单位，必须以项目合同中明确的任务为依据，详细列示每一项外委研究支出，外委研究支出费比例不得超过合同总额的 30%。

仪器设备租赁费是指因研究需要租赁其他单位（包括项目承担单位内部独

立经济核算单位）仪器、设备所产生的费用。仪器设备租赁费估算以有效的仪器设备租赁协议为依据。

外协测试试验与加工费是指项目研究过程中委托外单位（包括项目承担单位内部独立经济核算单位）协作进行测试、化验、加工等所支付的费用。该费用估算以委托协议为依据，委托次数多或单次支出费用在5万元以上的应列示清单。

（4）**税金**。税金是指按照国家税法规定应计入项目实施费用内的税金，包括增值税、城市维护建设税和教育费附加等，其计算公式为

税金＝增值税＋城市维护建设税＋教育费附加

四、项目方向

项目规划方针如图2-4所示。

（1）**因地制宜**：地域特点、资源禀赋。譬如：三北的风、青海宁夏的光、东北的极寒、湿度地区各种灾害。

从天灾找方向：天灾类的地震、台风、冰灾、雷电、泥石流等。

从人祸找方向：采空区沉降、积污等。以采空区为例：机理研究、监测技术、设计技术、建设技术、防治技术。

（2）**突出特色**：电网特点。譬如：几个送端电网（新疆、蒙东等）四川水电特征明显的交直流电网、吉林的通道型电网、龙江供热机组为主电源的电网、华东典型受端电网等。

图2-4 项目规划方针

以四川电网为例：水电资源丰富，水电装机比重大，以水电为主的电力供需能力受季节和气候影响较大，对电网消纳能力和与外区联网要求较高。交直流特高压电网运行存在问题，丰水期水电存在弃水调峰。

（3）**有进有退**：成立项目攻关团队和实验室，长期不懈抓人才培养。

（4）**顺势而为**：顺势——承接国家级大项目，公司示范工程（风光储、多端柔直）；借势——高校和国家级科研机构的理论成果、电科院、产业集团；造势——提出发输变配用调建设改造工程，提出新理念，吸引产学研单位积极参与。

五、奖项设定

国家级：国家科学技术奖（国家最高科学技术奖、国家自然科学奖、国家

技术发明奖、国家科学技术进步奖、国际科学技术合作奖）、中国专利奖（专利奖、外观设计奖）、中国标准创新贡献奖。

省部级：省科学技术发明奖、省科学技术进步奖、中国电力科学技术发明奖、中国电力科学技术进步奖。

地市级：省级电力公司科技进步奖、省级电力公司专利奖、省级电力公司群众性创新奖、市科技进步奖（部分地市未设立）。

六、成果分类

科技成果分类如图 2-5 所示。

图 2-5　科技成果分类

七、成果推荐

1. 国家科学技术奖实行提名制

国家奖只接受以下单位或专家提名：

（1）部门：省市、部委、国务院直属机构和事业单位、中央军委科技委等。

（2）机构：经科技部认定的全国性学会协会、社会力量设奖机构等。

（3）专家：最高奖获奖人、院士、符合条件的国家奖获奖人。

2. 省部级科学技术奖实行提名制

下列单位或者个人可以提名省科学技术奖：

（1）专家学者。

1）省级科学技术杰出贡献奖获奖人；

2）中国科学院院士、中国工程院院士；

3）2000 年（含当年）以后获得国家科学技术奖项目的前三完成人；

4）2000年（含当年）以后获得省自然科学奖、技术发明奖、科学技术进步奖一等奖项目的第一完成人。

提名专家年龄不超过 70 岁［1948 年 10 月 25 日（含当日）以后出生］，院士年龄不超过 75 岁［1943 年 10 月 25 日（含当日）以后出生］，省级科学技术杰出贡献奖获奖人年龄不受限制。

（2）相关部门。

设区的市人民政府，省政府有关组成部门、直属特设机构、直属机构、部门管理机构、派出机构和直属事业单位等。

（3）组织机构。

1）有关中央科研院所和国有企业；

2）省科协、文联、作协、贸促会、残联、社科联、台联等事业团体；

3）经省科技厅批准的其他组织机构。

3. 地市公司科技奖实行申报制度

由各单位组织申报，应当填写统一格式的推荐书，提供完整、真实、可靠的评价材料。

八、专家观点

专家四个观点分享如图 2-6 所示。

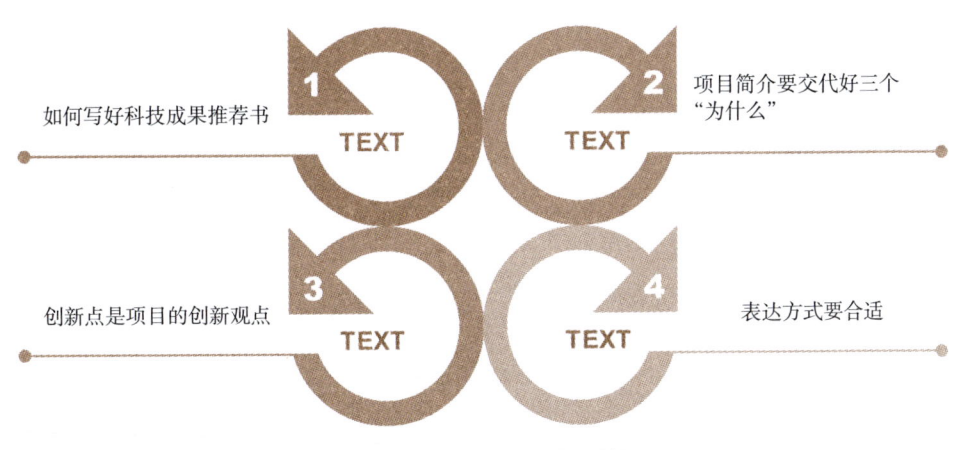

图 2-6 专家四个观点分享

1. 如何写好科技成果推荐书

1）科技成果推荐书是一个整体，要全面考虑，注重前后的衔接、呼应及一致，包括完成人对项目的贡献等信息均要与前面的内容相呼应、一致。

2）项目推荐书的核心是创新点，创新点是衡量该项目技术进步水平的核心依据，主件中无论是项目简介、项目详细内容，还是应用情况、经济效益等，都要为创新点服务，要作为创新点的支撑内容；附件为主件服务，是主件的支撑，最终服务于创新点。

2. 项目简介要交代好三个"为什么"

1）项目简介在评奖中非常重要，给专家的第一印象，要重点突出，反映出要素，用文字反映出项目水平（避免直接表述，如本项目达到国际领先水平），文字一定要反复推敲，好好提炼。

2）要在项目简介中说清楚"为什么做""做了什么""做得怎么样"。"为什么做"交代立项背景与目的；"做了什么"交代项目具体内容；"做得怎么样"交代项目的成果（含创新内容）与效益。同时要根据项目的特点合理分配这三方面内容。

3）项目简介要紧扣科技进步这一主题，要站在国家的角度提科技进步，即在哪些方面起到技术进步的作用，解决了哪些问题，突出项目的特点。

3. 创新点是项目的创新观点

1）创新点是指项目的创新观点，而不是项目完成了什么，做了哪些项目内容，要避免写成项目总结。

2）要精炼、准确，不宜过多，完成人情况要与创新点呼应。

3）将项目最重要的、最有分量的创新内容提炼出来，从以往的评奖经验看，有几项重要的创新点，足以支撑一项一等奖项目，关键看这几项创新点的分量与水平。创新点多，容易造成重点不突出，反而影响项目评奖。

4）在创新点表述中要将项目的难点说出来，没有支撑材料的创新点建议去掉（不能加分，也浪费了字数，甚至可能造成不好的印象而减分）。

5）创新点要与效益相呼应，即项目的几个关键技术支撑了什么样的成果与效益。

6）创新点需要专利证书、论文等作支撑，请提前做好专利申请和论文发布。

4. 表达方式要合适

1）推荐书总体表达方式要恰当、扣题，如申报的是省部级科学技术进步奖，就要紧扣省部级科技进步这一主题，就要把该项目对促进电力行业的技术进步有哪些贡献表达出来。

2）表达要通顺、流畅、明确、精炼，易于阅读、理解，要善于综合运用文字、图像与表格等表现方式。

3）项目完成人的前三人要对创新点有贡献，切忌宣传式的、自我评价式的描述，可用"经鉴定""经验收"等客观描述。

4）推荐书表述要有一定高度和深度，在表述中要时刻注意换位思考，想方设法让专家更好地理解你们的项目，令人阅读起来舒服。

5）公司科技进步奖评价指标是评奖专家评价项目的重要依据，推荐书编制时要紧扣公司科技进步奖相应项目类别的各项评价指标，要进行仔细的研究与推敲，并在推荐书中反映出来。

九、成果转化

科技成果转化是指为提高生产力水平而对科学研究与技术开发所产生的具有实用价值的科技成果所进行的后续试验、开发、应用、推广，直至形成新产品、新工艺、新材料，发展新产业等活动。

科技成果转化有利于促进公司发展和电网发展，有利于提高电网装备技术水平，有利于促进科研与产业的合作。

科技成果转化遵循"统一管理、协同推进、自主洽谈、规范评估，有序实施、有效激励"的原则，分为公司系统内转化和公司系统外转化两类。

公司系统内转化是指公司所属各级单位将所持有的科技成果向公司所属其他各级单位（含公司全资公司和控股企业）转化。

公司系统外转化是指公司所属各级单位引进系统外的科技成果（含个人成果），或将所持有的科技成果转化给公司全资、控股企业以外的其他单位。

公司科技成果转化方式包括：

1）自行实施转化；

2）转让科技成果；

3）许可他人使用科技成果；

4）以科技成果为合作条件，与他人共同转化；

5）以科技成果作价投资，折算股份或者出资比例；

6）其他协商确定的方式。

根据成果转化方式的不同，转化后的成果所有权归属如下：

1）自行投资转化的科技成果，成果所有权不变。

2）一次性转让成果所有权的科技成果，成果所有权归成果受让方所有。

3）以许可或授权使用的方式实施科技成果转化的，成果所有权仍归成果持有人所有。

4）与他人共同实施科技成果转化的，双方应在合同中对合作产生成果的所有权予以约定。如无约定，由对成果做出实际贡献的单位享有新产出成果的所有权。

5）以作价投资的方式实施科技成果转化的，成果所有权转移至所投资的公司。

公司科技成果转化活动应符合国家及公司的有关保密要求，对于重要且具有保存价值的文件资料，各单位要按照档案管理要求，完成收集、整理、归档和移交工作。对因泄密造成公司科技成果流失或公司利益损失的，视其情节轻重给予相应处罚。

第二节　群众创新

一、概念

群众性创新项目是指在电网建设、生产运行、技术改造和经营管理中，以"提高安全水平、提高服务质量、提高经济效益"为目的的技术革新、发明创造等群众性实践活动。

群众性创新项目的主要任务是：弘扬科学精神、普及科技知识、推进科技创新、提高员工科技素质，提升自主创新性知识产权的产出能力，夯实创新型企业建设基础。

群众性创新项目：围绕企业技术改造，新技术、新工艺、新产品、新材料的开发应用，围绕原始创新、集成创新和引进吸收再创新，着重解决企业生产难点问题，包括管理方式或管理手段创新。

二、项目申报周期

项目申报周期如图 2-7 所示。

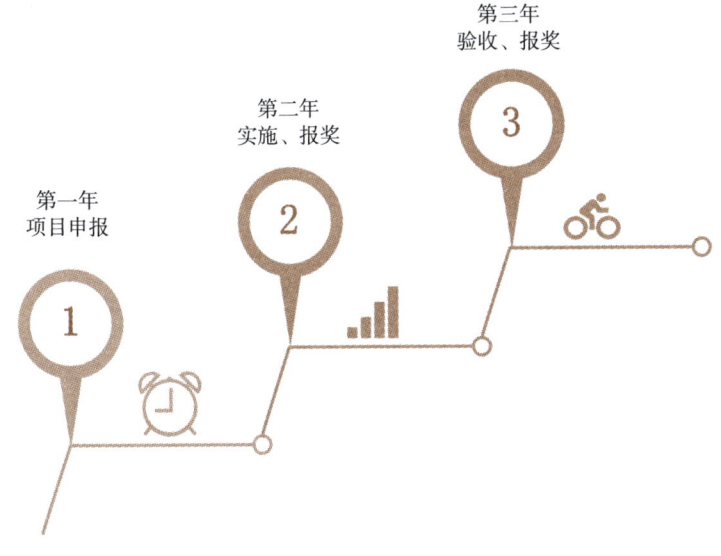

图 2-7　项目申报周期

群众性创新项目自申报到报奖周期为三年：第一年为项目申报年，各单位申报项目，经公司评审后列入次年综合计划中；第二年为项目实施年，公司根据当年科技费用平衡当年出库项目并以综合计划方式下达，公司依据综合计划下达项目实施招标，中标单位联系申报单位具体落实项目实施并形成成果；第三年为验收、报奖年，完成验收，申请公司群众创新奖、青创奖和"五小"竞赛奖项。

三、项目立项

项目立项包括申请、评审、批准三个基本程序，各单位应按行政隶属关系，遵循逐级申请的原则进行。各单位负责组织项目的申请、评审，上级公司负责批准。

各单位成立项目评审领导小组，组长由分管科技的领导担任，成员由各业务部门专业人员组成。评审领导小组可结合本单位的具体情况，提出当年须重点解决的问题，公开发布，引导本单位项目的申报，竞争承担项目。

项目立项原则是面向基层，面向一线班组员工，鼓励青年员工参与；项目负责人必须由在职职工担任，年龄不超过58周岁；项目人员一般不超过5人，其中不少于1人为班组（科室）员工，成员中一人年龄应小于40周岁；公司技能专家、技术能手、获得过技术比武先进个人，在同等条件下优先

47

安排。

项目应立足自主创新，单个项目的费用原则上不超过 10 万元，项目不跨年度；外协费用主要包括外协制造、试验等内容，原则上不应超过总经费的 50%。

各单位科技管理部门对申请的项目内容进行初选，对项目实施的意义、可行性、费用预算等进行审查。

各单位科技领导小组对项目内容进行评审，确定本单位的项目计划并上报上级公司科技项目储备库。上级公司科技管理部门组织有关部门对项目计划进行核查，根据年度资金情况平衡汇总，报领导批准后随综合计划一并下达。对能形成专利技术的项目优先安排。

四、项目实施

各科技项目负责人应根据项目计划任务书内容，对履行情况负责。项目承担单位应负责项目执行的具体组织工作，保证人员和设备投入；执行科技项目计划任务书的技术人员应按计划任务书规定的工作时间投入研究工作。

在项目执行过程中，需对计划任务书规定的内容进行调整时，由项目负责人提出申请，经本单位科技管理部门确认同意后重新签订任务书。

各承担单位应按照项目计划和节点进度要求，编报项目执行情况、经费使用计划和项目研究进展等有关信息报表，报表实行季报制。

各单位科技管理部门要严格按照批准的计划任务书规定的开支范围、开支标准执行，严格遵守财务有关规定，加强对项目经费的管理；经费专款专用，不得挪用。项目计划原则上不做调整，因故确需调整项目计划内容时，应提前提出，并履行项目变更手续。

五、项目验收

项目完成后，由项目承担单位向本单位科技管理部门提出验收申请，本单位科技管理部门组织专家验收。项目验收资料如图 2-8 所示。

图 2-8 项目验收资料

公司科技管理部门收到验收申请并审查合格后，自行组织有关专家验收并出具验收意见。

项目验收工作可视具体情况，采取现场验收、会议验收、统一验收等方式进行。需要成立验收小组时，由公司科技管理部门根据项目对象、内容、专业等具体情况，按照权威性、针对性、代表性、互补性和回避原则，遴选符合要求的专家人员、熟悉项目情况和相关技术领域的技术人员和财务、审计人员组成，一般为5~7人（单数）。

验收评价的主要内容包括：计划任务书规定的研究内容、成果水平、推广应用前景、存在问题和改进意见等。未通过验收的情况图如图2-9所示。

图2-9 未通过验收的情况

需要重新验收的项目，承担单位在收到问题整改意见通知三个月内，可再次提出验收申请。第二次仍未通过验收的，则验收结论为"不通过"。未通过验收的项目承担单位和项目负责人1~3年内不得申报群众性创新项目，且配套资金予以追回。

验收完成后，各单位科技管理部门须将整体项目验收意见报告和其他验收材料通过科技项目管理系统上报审核和资料归档。

六、考核评价

公司对各单位群众性创新开展情况不定期开展督促，检查结果作为各单位科技业务指标考核和后续群众性创新项目审批的参考依据。

公司科技项目所产生的成果及其知识产权、论文、著作权等归公司所有。项目涉及国家及公司秘密的科技成果，按照《中华人民共和国保守国家秘密法》《科学技术保密规定》等法律法规和公司有关规定执行。对不履行保护项目研究成果、知识产权义务或履行不当造成损失的，可依法追究项目承担单位和项目责任人的责任。

第三节　专利

知识产权是关于工业、科学、文学和艺术领域内以及其他来自智力活动所取得的一种财产属性的权利。

知识产权是无形财产，它与房屋、汽车等有形财产一样，都受到国家法律的保护，都具有价值和使用价值。

知识产权主要包括工业产权和版权。人的智力劳动表现在工业领域的发明创造、商标、集成电路布图设计等，称为"工业产权"；人的智力活动表现在文学艺术创作上，则称为"版权"或"著作权"。

工业产权包括：专利、商标、服务标志、厂商名称、原产地名称，以及植物新品种权和集成电路布图设计专有权等。

专利是受法律规范保护的发明创造，它是指一项发明创造向国家审批机关提出专利申请，经依法审查合格后该项专利申请人被授予的在规定时间内对该项发明创造享有的专有权。

2018年上半年，我国主要知识产权指标较快增长，呈现良好发展势头。其中，发明专利申请和授权量分别达到75.1万件和21.7万件。其中：发明专利申请量为75.1万件；发明专利授权21.7万件，其中，国内发明专利授权17.1万件。在国内发明专利授权中，职务发明15.9万件，占93.2%；非职务发明1.2万件，占6.8%。

公司认可的专利分为由公司统一申报的专利和由个人申请、专利权属于公司独有的职务发明专利两种，由个人申请、专利权属于个人的，不适用于职务发明，公司不予认可。

一、概念

知识产权包括专利、商标、版权（论文、专著）以及地理标志、集成电路布图设计、植物新品种、商业秘密等。专利类型如图2-10所示。

图 2-10　专利类型

发明专利是指对产品、方法或对其改进提出新的技术方案。可以分为产品发明和方法发明。

实用新型专利是指对产品的形状、构造或者其结合所提出的适用于实用的新的技术方案。

外观设计专利是指对产品的形状、图案及其结合以及色彩与形状、图案的结合所做出的富有美感并适用于工业应用的新设计。

特别注意：

1）公司申请的专利只有发明专利和实用新型专利两种。

2）专利申请内容的单一性要求：一件发明或者实用新型专利申请应限于一项发明或者实用新型。属于一个总的发明构思的两项及以上的发明或者实用新型，可以作为一件申请提出。

3）国家知识产权局 2018 年调整专利授权质量和授予时限，发明专利授权时间一般为两年且专利说明书不得少于 8 页，实用新型专利授权时间为申请时后 7 个月后。

二、奖项设定

专利奖项包括国家级专利奖、省部级专利奖、地市级专利奖。

三、获得步骤

发明专利审批程序包括：受理、初步审查、公布、实质审查以及授权 5 个阶段，如图 2-11 所示。一般从受理到授权需 3 年时间。实用新型和外观设计专利通常不需要经过早期公开、实质性审查阶段而直接进入公告，一般从受理到授权为 7～10 个月。

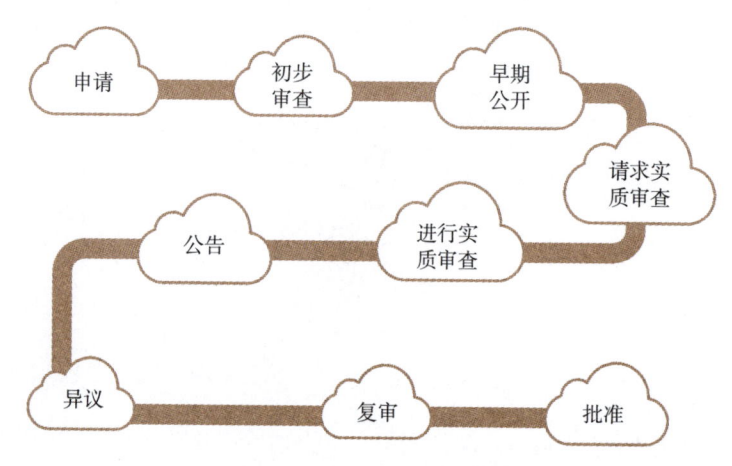

图 2-11　取得专利权的步骤

公司专利流程：一般由发明人编写申请文件→提交科技主管部门→提交专利事务所→取得受理通知书→答辩（发明专利）→等待授权→授权并扫描件发送专利发明人→证书交档案室保存。

四、申请要点

编写专利申请文件，编写要点如图 2-12 所示，交给公司专利主管部门（科技）即可。编写申请书之前，应首先完成专利的构思和图纸设计。

图 2-12　专利编写要点

（1）确定申请专利的**名称**（可根据申请内容确定，如一种曲轴旋转式输电线路防鸟刺），专利名称不受法律保护。

（2）编写专利摘要，摘要是发明内容和使用范围的简要概括。

（3）编写权利书，权利书是专利保护范围的说明，一定要全且详细，保护范围尽量不要遗漏。

（4）编写说明书：包括技术领域、背景技术、发明内容、附图说明、具体实施方案、说明书附图等。

至此，专利申请文件就全部完成，可以提交科技部门进行申请了，之后等待受理通知书、授权通知书。在此期间，若专利审查未通过，专利事务所会给我们转发"第一次审查意见通知书（一般是三次）"，要根据审查意见进行答辩（只有答辩才有希望通过）。

重点：授予专利权的发明和实用新型，应当具备新颖性、创造性和实用性。

新颖性，是指该发明或者实用新型不属于现有技术；也没有任何单位或者个人就同样的发明或者实用新型在申请日以前向国务院专利行政部门提出过申请，并记载在申请日以后公布的专利申请文件或者公告的专利文件中。

创造性，是指与现有技术相比，该发明具有突出的实质性特点和显著的进步。

实用性，是指该发明或者实用新型能够制造或者使用，并且能够产生积极效果。

本法所称现有技术，是指申请日以前在国内外为公众所周知的技术。

五、专利价值评价

专利价值评价是做好专利运营工作的基础和重要环节，公司每年进行专利价值集中评价，根据专利评价结论，提出处置建议。

专利价值评价基于法律、技术、应用三个维度，如图2-13所示。

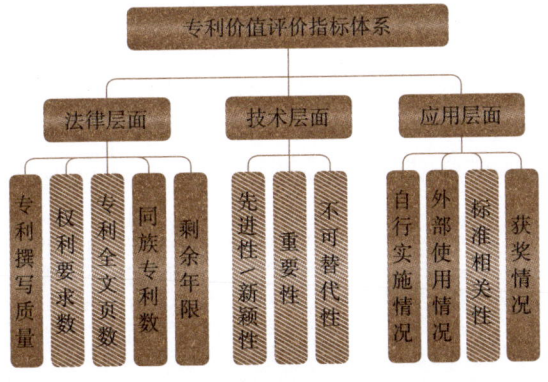

图2-13 专利价值评价指标体系示意图

法律层面：主要从专利法的角度衡量专利价值的高低，该层面的评价指标包括专利撰写质量、权利要求数、专利全文页数、同族专利数、剩余年限等，评分细则如表2-2所示。

表2-2　　　　　　　　　　法律层面评分细则

评分层面	评分指标	评分细则				
		9~10分	7~8分	5~6分	3~4分	1~2分
法律层面	专利撰写质量	现有技术描述清晰得当，技术方案公开充分、结构完整；内容描述清楚、准确、流畅、简洁；权利要求层次清晰，布局合理，保护范围恰当	现有技术描述清晰，技术方案公开较充分，描述清楚、准确、无歧义；权利要求布局基本合理，保护范围比较恰当	现有技术描述较为清晰；技术方案描述比较完整，但没有进行合理扩展；权利要求保护范围基本与说明书实施范围一致	技术方案描述基本完整，但存在瑕疵；权利要求保护的范围存在不合理的地方	技术方案描述不够完整，存在逻辑关系混乱的地方；权利要求包含非必要技术特征，保护范围明显不合理
	权利要求数	[15,)	[9,15)	[5,9)	[3,5)	(0,3)
	专利全文页数	[20,)	[12,20)	[8,12)	[6,8)	(0,6)
	同族专利数	5件以上	4件	2~3件	1件	无
	剩余年限	10年	6~9年	3~5年	1~2年	无

技术层面：主要从技术的角度去衡量专利所要保护的技术方案本身的价值高低。该层面的评价指标包括先进性（新颖性）、重要性、不可替代性等，评分细则如表2-3所示。

表2-3　　　　　　　　　　技术层面评分细则

评分层面	评分指标	评分细则				
		9~10分	7~8分	5~6分	3~4分	1~2分
技术层面	先进性	非常先进，开拓性发明，超出同类技术水平	先进，创新突出，达到同类领先技术水平	比较先进，创新性明显，达到同类技术水平	创新性一般，接近同类技术水平	滞后于本领域的技术进步
	重要性	非常重要，属于本领域非常重要的研发方向，并解决了核心技术难题，对本领域技术进步具有非常重要的促进作用	重要，属于本领域重要研发方向，并解决关键技术问题，对本领域技术进步具有重要的促进作用	一般，解决非重要研发方向的关键技术问题或解决重要研发方向的一般性技术问题	次要，解决非重要研发方向的一般性技术问题	非常次要，解决非重要研发方向的次要技术问题

续表

评分层面	评分指标	评分细则			
		9~10 分	7~8 分	5~6 分	3~4 分	1~2 分
技术层面	不可替代性	不可替代	存在 1~2 个可替代方案，但替代方案的实施效果明显低于本方案	存在实施效果相当的可替代方案	存在更优的可替代方案或较多的可替代方案	存在多个更优的可替代方案

应用层面：主要指该技术可被市场接受的程度，以及和公司业务的契合程度。该层面的评价指标包括自行实施情况、外部使用情况、标准相关性、获奖情况等，评分细则如表 2-4 所示。

表 2-4　　　　　　　　　应用层面评分细则

评分层面	评分指标	评分细则				
		9~10 分	7~8 分	5~6 分	3~4 分	1~2 分
应用层面	自行实施情况	已在全系统推广；或已在公司产品中使用且产值巨大；或在系统内发放许可，许可金额巨大	已在系统内多家单位使用；或已在公司产品中使用且产值较大；或在系统内发放许可，许可金额较大	已在本单位使用；或在公司产品中使用但产值一般；或已在系统内发放许可，但金额较小	可能会在公司内部推广或在公司未来产品中使用，规模不确定	在公司内部推广或公司产品中实施的可能性极小
	外部使用情况	已在系统外厂商的产品中使用，且使用规模巨大；或已经成功对系统外厂商发放许可，许可金额巨大	已在系统外厂商的产品中使用，且使用规模较大；或已经成功对系统外厂商发放许可，许可金额较大	在系统外厂商的后续产品中确定会使用；或已经对系统外厂商发放许可，金额较小	在系统外厂商的后续产品中可能使用；或后续可能对系统外厂商发放许可	系统外几乎无人使用，也无法许可
	标准相关性	专利与国际标准、国家标准文本（非参考部分）技术方案对应	属于国际、国家标准实施类的专利，或属于国网公司企标对应专利	已有将专利技术方案进行标准化推动的明确日程	暂无标准计划	几乎不会进入标准
	获奖情况	专利获得中国专利金奖得 10 分	专利获得中国专利优秀奖得 7 分	专利获得省部级、公司级一等奖得 6 分	专利获得省部级、公司级二、三等奖分别得 4、3 分	无奖励得 1 分

评价结论包括：重要度、应用情况、应用规模、应用主体以及应用载体五个方面。

重要度分为核心、一般、低三个方面。系统根据专家的打分情况会自动推荐一个选项（专家认为推荐选项不合适，可以修改默认推荐选项），系统推荐的原则如表 2-5 所示。

表 2-5　　　　　　　　　　　系统推荐原则

程度	推荐规则
核心	总得分 70 分（含）以上，或自行实施情况 7 分（含）以上，或外部使用情况 5 分（含）以上，或标准相关性 7 分（含）以上，或获奖情况 7 分（含）以上
一般	总得分 50 分（含）至 70 分，或自行实施情况 5 分（含）至 7 分，或外部使用情况 3 分（含）至 5 分，或标准相关性 5 分（含）至 7 分，或获奖情况 3 分（含）至 7 分
低	总得分在 50 分以下的专利

应用情况、应用规模、应用主体以及应用载体的分类情况，如表 2-6 所示。

表 2-6　　　　　　　　　　　应用分类情况

类型	分类		
应用情况	已实际应用	具有应用前景	无实际应用且无应用前景
应用规模	大	中	小
应用主体	系统内应用为主	系统外应用为主	系统内外均可应用
应用载体	产品		非产品

处置建议分为维持建议、应用建议以及应用建议具体内容等三个部分。

维持建议：包括放弃维持、继续维持、继续维持且强化布局。若专家选择放弃维持或者继续维持且强化布局，则需要进一步填写放弃理由或者强化布局理由。放弃维持的放弃理由包括专利质量低、与公司主业务无关、其他。放弃理由具体内容围绕所选择的放弃理由以及其他理由进行填写。评价结论中重要度（核心、一般、低）的填写，不影响维持建议（放弃维持、继续维持、继续维持且强化布局）的选择。

应用建议：包括自行实施、系统内专利许可、系统外专利许可、系统内专利转让、系统外专利转让、专利作价入股、其他。应用建议具体内容围绕所选择的应用建议及其他建议进行填写。

专利价值评价整体流程可具体分为评价前期准备、法律专家打分、技术专家评审、评价结果汇总分析与上报四部分内容，如图 2-14 所示。

开始 → 评价前期准备 → 法律专家打分 → 技术专家评审 → 分析与上报评价结果汇总 → 结束

图 2-14　专利价值评价整体流程

法律专家和技术专家，具体的遴选要求如表 2-7 所示：

表 2-7　　　　　　　　　专家遴选要求

专家类型	分组技术了解程度	分组技术发展趋热了解程度	分组技术应用前景了解程度	专利法了解程度	推荐规则
法律专家	无特别要求	无特别要求	无特别要求	熟悉	具有专利申请文件撰写、审核相关的工作经验，且在相关或者相应技术领域具备5年以上的专利实务工作经验
技术专家	熟悉	熟悉	熟悉	无特别要求	具有相关或相应技术领域相关研究经历，在相关或者相应技术领域具备5年以上的工作经验，并熟知相关技术推广及产品信息

根据专家评审结果，对评价结论和处置建议汇总分析，反映参评专利价值度。

所述评价结论的汇总分析包括：汇总分析参评专利的重要度（核心、一般、低）、应用情况（已实际应用、具有应用前景、无实际应用且无应用前景）、应用规模（大、中、小）、应用主体（系统内应用、系统外应用、系统内外均可应用），以及应用载体（产品、非产品）等相关评价指标。

所述处置建议的汇总分析包括：汇总分析参评专利的维持建议（放弃维持、继续维持、继续维持且强化布局）、应用建议的内容（自行实施、系统内许可、系统外许可、系统内转让、系统外转让、专利作价入股、其他）等相关评价指标及内容。

第三章 QC小组活动

第一节 QC小组基础理论

一、QC小组的概念

质量管理小组（Quality Control Circle，简称 QCC，我国简称 QC 小组），是在生产或工作岗位上从事各种劳动的员工，围绕企业经营战略、方针目标和现场存在的问题，以改进质量、降低消耗、提高人的素质和经济效益为目的组织起来的，运用质量管理的理论和方法开展活动的小组。

本概念有以下四层含义：

1）参加的人员是全员的。可以是领导、管理者、技术人员、工人、服务人员。

2）课题的选择是广泛的。可以围绕企业的经营战略、方针目标和现场存在的问题。

3）活动的目的是明确的。以改进质量、降低消耗、提高人的素质和经济效益为目的。

4）活动的程序方法是科学的。运用质量管理的理论和方法开展活动。

开展 QC 小组活动的必要性：

1）是科学思维和充分执行的完美结合；

2）是质量管理工作者成长的摇篮；

3）是一线员工自我实现的舞台；

4）是以人为本企业文化的最好体现。

二、QC小组的特点

1. 明显的自主性

QC 小组实行自主管理，自我教育，互相启发，共同提高，以各级员工自愿参加为基础。

2. 广泛的群众性

管理者、技术人员可参加，工人、服务人员也可以参加，在共同学习的同时群策群力解决问题。

3. 高度的民主性

QC 小组长可以是选举产生的，也可以轮流担任，讨论问题时小组成员之间相互平等，各抒己见。

4. 严密的科学性

小组活动用科学的方法分析与解决问题，遵循科学的工作程序，发现问题、分析问题、解决问题，坚持用数据说话，以事实为依据。

三、QC 小组的性质

1. 与行政班组的不同

组织原则：群众性组织、非正式组建。
活动目的：提高人的素质、改进质量、降耗增效。
活动方式：本班组或跨班组、跨部门。

2. 与传统技术革新小组的不同

技术革新小组：侧重于用专业技术攻关。
QC 小组：选题更广泛，运用全面质量管理理论和方法，强调活动程序的科学性、方法的多样化、事实的数据化。

3. 与合理化建议、小改小革的不同

合理化建议：负责提议，通常不负责实施。
小改小革：方法清晰，可直接动手改进。
QC 小组：运用程序和方法，系统彻底解决问题。

四、QC 小组活动的宗旨

1）改进质量，降低消耗，提高经济效益。
2）提高员工素质，激发员工的积极性和创造性。

3）建立文明的、心情舒畅的生产、服务、工作现场。

五、QC 小组活动的作用

1）有利于预防质量问题和改进质量。
2）有利于提高客户的满意程度。
3）有利于实现各级人员参与管理。
4）有利于增强团结协作精神。
5）有助于提高职工的科学思维能力、组织协调能力、分析与解决问题的能力。
6）有利于改善和加强管理工作，提高管理水平。
7）有利于开发智力资源，发掘人的潜能，提高人的素质。

第二节　QC 小组的组建

一、组建 QC 小组的原则

1）自下而上的组建程序，志同道合者自愿组合，上报注册（通常为自选性课题的小组）。

2）自上而下的组建程序，指导选定小组长及组员，注册登记（通常为指令性课题的小组）。

3）上下结合的组建程序，自愿结合 + 主管指导组建成立，注册登记（通常为指导性课题的小组）。

二、QC 小组活动的组织保障

尽管 QC 小组是群众性质量改进活动，它的组成基于广大职工群众，源于自觉自愿，但要想在组织内真正搞好 QC 小组活动，成立组织机构、制定管理制度等推进工作是必不可少的。只有组织和制度上有保证，才能做到小组活动有人抓、成果得认可、激励能落实，切实促进 QC 小组活动深入持久地开展，取得实效。

1. 成立 QC 小组推进组织机构

QC 小组推进组织机构的成立按图 3-1 所示程序进行。

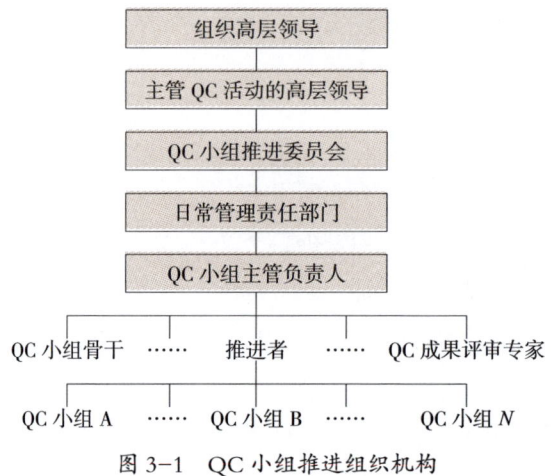

图 3-1 QC 小组推进组织机构

2. 制定制度规范

制定管理制度，对组建 QC 小组、登记注册、教育培训、成果发表、开展活动、总结成果、发表交流、评比、表彰、激励等工作制定明确的规章制度，规范管理。

三、QC 小组活动开展的程序

开展 QC 小组活动按图 3-2 所示程序进行。

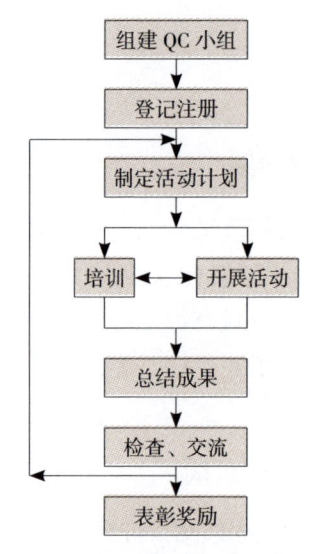

图 3-2 QC 小组活动开展的程序

四、QC 小组人员构成

QC 小组通常由 3~10 人组成（顾问和推进者也是小组成员），根据活动要求和生产实际，可以做相应调整（可多可少时，宜少不宜多），使每个小组成员都能在小组活动中充分发挥作用。

1. 小组成员——QC 小组的血肉

小组成员的确定如图 3-3 所示。

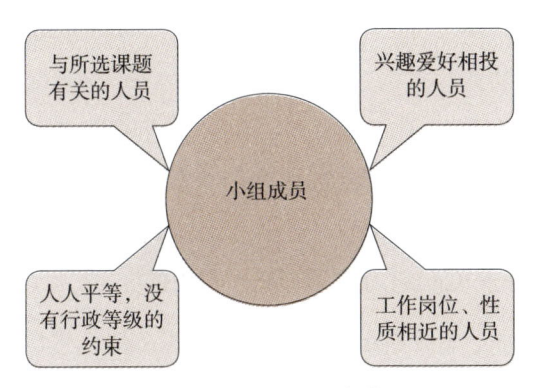

图 3-3　QC 小组成员

QC 小组成员应具备 5 种意识：质量意识；参与意识；改进意识；协作意识；创新意识。

小组成员的职责：参加活动（完成组内分配的各项工作）；支持工作（协助 QC 小组长开展活动，发挥特长）；协调合作（与小组成员团结协作，相互支持）；提高技能（学习钻研，提升专业技术和理论水平）；改进创新（开动脑筋，善于发现身边的改进点）；发表成果（轮流展示各自承担课题的闪光点，增强荣誉感与成就感）；自觉学习（学习质量管理理论及 QC 方法，逐步提高自身能力）。

2. 小组长——QC 小组的核心人物

QC 小组长由 QC 小组成员产生，他们熟悉工作和服务现场，具有一定的组织、协调和领导能力，是小组的核心人物，如图 3-4 所示。

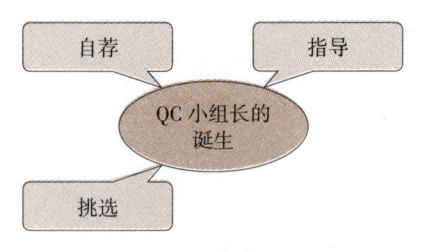

图 3-4 QC 小组长的产生

QC 小组长的职责：明确 QC 小组活动目标，抓住问题点；制订 QC 小组活动计划，组织好小组活动；发挥领导权，做好 QC 小组活动的日常管理；抓好 QC 小组的质量教育。

理想的 QC 小组长：对 QC 小组活动充满热情；有说服力及领导能力；能创造良好人际关系；熟悉质量管理理论及 QC 方法；技术熟练，业务知识丰富。

3. 小组骨干——QC 小组的积极分子和主力

QC 小组活动骨干始终活跃在企业的第一线，他们热情、自信而执着，是开展 QC 小组活动的主力和积极分子。

QC 小组骨干的职责：正确掌握 QC 小组基础知识和工具；具有较强的质量意识、问题意识、改进意识和参与意识；围绕活动课题，配合组长主动参与到小组各阶段的活动中，并发挥其作用。

4. 推进者——QC 小组的播种机和助推器

QC 小组活动推进者是积极组织企业 QC 小组活动的推动者，他们是各相关部门的领导，专家学者，各企事业单位的小组负责人。这些推进者都对 QC 小组活动的开展起到积极的推进作用，是 QC 小组活动的"播种机"和"助推器"。

QC 小组活动推进者职责：负责 QC 小组活动引进试点、推广应用、深化提高和宣传、组织与推进工作。建立开展 QC 小组的推进体系、活动办法与激励机制。出版相关 QC 小组教材、成果汇编、杂志等指导书刊。每年召开公司 QC 小组发表会，参加上级组织的 QC 小组发表会。组织 QC 小组培训，培养 QC 小组活动骨干和推进者。

五、QC 小组的组建程序

1. QC 小组的注册登记

QC 小组注册登记时要写明小组的名称、组长、组员、所属单位、成立日期、活动课题及课题类型，QC 小组每年注册一次。时间在每年的第一季度。《QC 小组活动课题注册登记表》如表 3-1 所示。

表 3-1　　　　×××公司 QC 小组活动课题注册登记表

单位：

小组名称					
课题名称					
成立时间		年　月		课题类型	
注册时间		年　月		注册编号	
活动指导者 （*可选填）				活动计划时间	年　月— 年　月
小组成员					
姓名	性别	职称/技能等级	学历	组内分工	职务
选题理由					
基层单位意见（签字盖章）： 　　　　　　　　年　月　日			本单位 QC 小组归口部门管理单位意见（盖章）： 　　　　　　　　年　月　日		

注：此表一式二份，QC 小组、QC 小组归口管理部门各一份。

管理型课题应有本单位领导或管理部门负责人参与，攻关型课题应有本单位或本部门技术领导参与，小组活动如果跨年度，应注明。

QC 小组注册表应便于管理和监控；便于对 QC 小组活动进行指导；便于掌握小组活动过程、结果；增强小组成员责任感和荣誉感。

2. QC 小组名称

QC 小组名称要求：由小组成员决定；简明易记；亲近贴切；鼓舞士气。

六、QC 小组活动

QC 小组活动的基本条件：一是领导对 QC 小组活动思想上重视，行动上支持；二是职工对 QC 小组活动有认识、有要求；三是有一批 QC 小组活动骨干；四是建立健全 QC 小组活动的规章制度。

1. 活动计划

课题注册完成后一个月内制订活动计划，并做好活动记录。

2. 活动记录

《QC 小组活动记录表》如表 3-2 所示。

表 3-2 QC 小组活动记录表

QC 小组名称： 活动时间： 年 月 日

主持人		记录人		组长	
参加人员					
活动主题					
活动记录：					
活动小结：					

注意：活动过程中如有涉及设备、装置、设施等变动的措施，需经相关专业管理部门同意后，方可实施。对策实施完成后，对活动情况进行总结。对比活动前后目标完成情况，检查活动效果。

七、QC 小组注销

QC 小组注册后，因各种原因主动要求注销的；QC 小组持续半年没有开展活动或没有证据证实其全部活动过程的；QC 小组有 60% 及以上成员需要变更的，应予注销后再进行注册。QC 小组的注销使小组有存在的价值，有利于督促小组坚持开展活动。

第三节　QC 小组活动程序

一、QC 小组活动基本原则

为了解决本企业现场存在的问题，基于客观事实，调动全员积极性，运用应用统计技术对收集到的大量数据进行整理、分析、验证和判断，遵循 PDCA 科学程序环环相扣、有序有效解决问题、满足需求，QC 活动基本原则如图 3-5 所示。

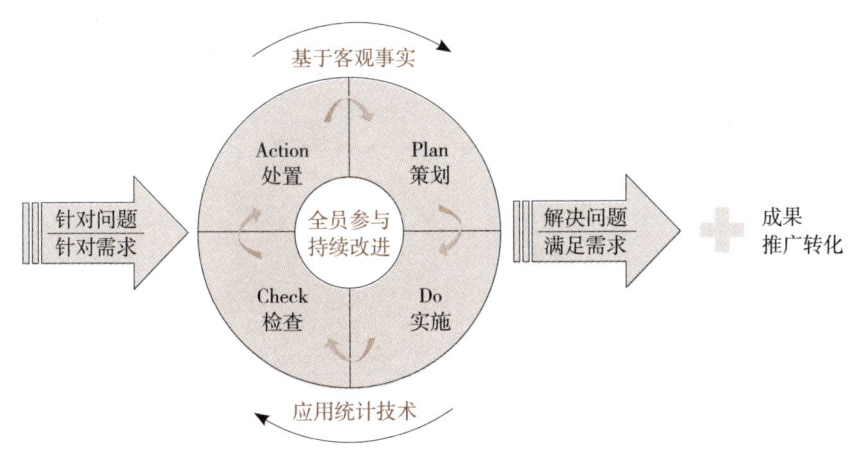

图 3-5　QC 活动基本原则示意图

二、QC 小组活动应用的技术

QC 小组活动应用的技术主要有：专业技术、管理技术、其他技术（微机、演讲、写作等），如图 3-6 所示。

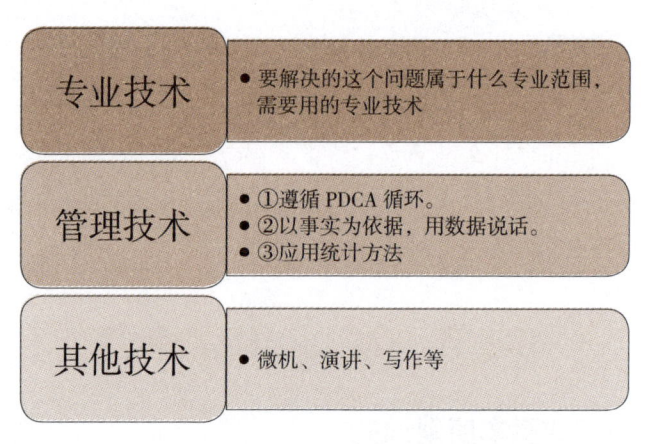

图 3-6 应用技术

三、QC 小组活动特点

PDCA 循环有两个特点：一是循环前进、阶梯上升。即按 PDCA 顺序前进，就能达到一个新的水平，在新水平上再进行 PDCA 循环可达到一个更高的水平。二是大环套小环。即在 PDCA 四个阶段中，每个阶段都有它本身的小 PDCA 循环，如图 3-7 所示。

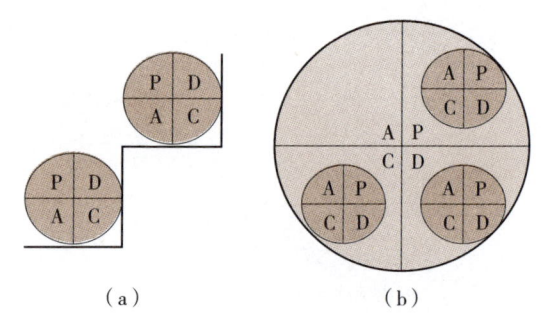

图 3-7 PDCA 特点
（a）阶梯上升；（b）大环套小环

四、问题解决型课题活动的程序

QC 小组活动遵循 PDCA 的基本管理程序，即戴明循环。P（Plan）准备计划——策划，D（Do）完成计划——实施，C（Check）检查结果——检查，A（Action）跟踪改进——处置。PDCA 为活动中的四个阶段，其中 P 阶段包含六个步骤：选择课题；现状调查，即找出要解决的主要问题；设定目标，即设定活动要达到的目标；原因分析，即分析产生主要问题的各种原因；确定主要原因；制定对策。D 阶段包括一个步骤，即按照制定的对策实施。C 阶段包括一个步骤，即检查实施后所取得的效果。A 阶段包括两个步骤：制定巩固措施，防止问题再发生；提出遗留问题及下一步打算。

1. 选择课题

QC 小组组建后，就开始选择课题，课题来源一般有三方面：上级直接下达的课题，即指令性课题；QC 小组选择的课题，即自选性课题；指导性课题是介于二者之间上下结合的课题。

选题要求：课题宜小而具体，且大部分对策都能由本小组成员自己来实施；课题是解决自己身边存在的问题，通过小组成员努力得到改进，体现小组成员所动的脑筋、所下的功夫以及克服困难的毅力；课题名称应直接用课题的特性值表达，应能一目了然看出是要解决什么问题，针对的对象、要达到的结果三个方面命名课题。如提高×××效率、降低×××不合格率，要简洁、明了、针对性强；选题理由应有数据为依据，直接写出选此课题的目的和必要性。只要把上级方针、本部门要求，存在的问题，问题与要求之间的差距用数据表达出来，说明只要把此问题解决就能达到要求即可。

选题常见问题：课题太大，综合性很强，把课题抽象化，运用总结、报告之类的题目，如"科学谋划、主动作为、奋力开创公司精益发展新局面"；课题不是小组成员力所能及的。课题名称不简练，是"手段＋目的"式，如"3+2"工作法降低开关柜故障率；小组在选题时，还没有完全掌握现状，还不知道问题的症结所在，没有经过集思广益地分析原因找出要因，更没有研究用什么对策来解决它，怎么能有主要对策呢？课题名称只是定性描述，如"设备大管家"，没说要达到什么目的；选题理由不直截了当。

根据 QC 小组活动课题的特点和活动内容，可将 QC 小组活动课题分为五种，见表 3-3。

表 3-3　　　　　　　　　　五种课题类型

课题类型	活动特点
问题解决型 （现场型、攻关型、管理型、服务型）课题	针对现状存在某种问题（或是与现行标准相比有差距，或是与上级下达的指标或要求相比有差距），弄清其原因，针对主要原因，拟定改进措施，以改善现状，达到规定的标准或要求
创新型课题	探寻新的思路、创造新的产品、提供新的服务、研究并采用新的方法等

选择课题常用工具一般包括：调查表、排列图、简易图表、亲和图、水平对比、流程图、头脑风暴法、矩阵图等。

2. 现状调查

通过对所收集的数据和信息进行分类、整理、分析，把问题的症结所在找出来，确认小组能够改进的程度，为设定目标提供依据。

现状调查要注意：做到用数据说话，现场收集的数据要有客观性，避免只收集对自己有利的数据，收集的数据要有可比性，同时应有时间的约束；对现状调查收集的数据要进行整理、分类、分层分析；不仅收集已有记录的数据，更要亲自到现场去观察、测量、掌握第一手资料。

根据小组活动目标确定的方法不同，指令性目标、创新型课题不做现状调查。

现状调查常用工具一般包括：调查表、简易图表、分层法、直方图、控制图、排列图、散布图等。

3. 设定目标

目标是通过小组活动要达到的结果。设定的目标应具有一定的挑战性且能通过小组的努力达到。

小组目标设定的依据，来源于现状调查或目标可行性分析（指令性目标）的过程，如果是自定目标值要能够从现状调查中清楚地看到目标设定的依据。目标设定后就不要再进行目标可行性分析，以免与现状调查内容重复；如果是指令性目标，则必须在目标可行性分析中就能否实现目标做进一步的说明。

目标设定应注意：一是目标设定不宜多，一般设定一个就可以了，如果有多个性质不同的目标，应采用多个课题予以解决为好；二是目标必须与问题相对应；三是目标必须明确表示，能用数据表达目标值，只有量化的目标才便于检查对比。

设定目标通常可用柱状图。

4. 分析原因

QC 小组要针对问题的症结进行原因分析。在原因分析中应严格遵循因果逻辑关系，步步由"果"推"因"，层层追根溯源，直至末端原因。末端原因是具体的、能够确认并可以直接采取对策的。

分析原因应该做到全面，从人（Man）、机器（Machine）、材料（Material）、方法（Method）、环境（Environment）、测量（Measurement）6个方面（即"5M1E"）将有可能影响症结产生的原因一一找出来，避免遗漏。

分析原因常用的工具一般包括：因果图（鱼刺图）、系统图（树图）与关联图。

5. 确定主要原因

对所有末端因素逐一进行鉴别，将真正导致症结产生的主要原因全部找出来。

确定主要原因常用的工具一般包括：现场验证，即到现场通过试验取得数据来证明；现场测试、测量，即到现场亲自测试、测量，取得数据与标准进行对比，看其是否符合来证明；调查、分析，即对于不能用试验或测量的方法取得的数据，如人员方面的因素，可设计调查表，到现场进行调查、分析，用取得的数据进行分析确认。

在逐条确认末端原因是否为主要原因时，要根据其对症结产生的影响程度来确定，而不能只与现有的工艺标准、操作规程要求进行对比，也不可根据其是否容易解决而定。

确定主要原因常用的工具一般包括：调查表、直方图、散布图、简易图表、正交试验设计法等。

6. 制定对策

针对确定出的所有主要原因逐条制定对策。制定对策一般分三步：一是针对每一条要因提出若干对策；二是分析研究对策的有效性、可实施性、经济性等，确定所采取的对策；三是按对策（What）、目标（Why）、负责人（Who）、地点（Where）、时间（When）、措施（How）即"5W1H"原则制定对策表。对策表中的对策是相对宏观的，措施是具体的，目标应尽可能量化，不能量化的要做到可以检查，对策表中的地点对于固定场所活动的小组可以省略；但如果小组的活动场所经常变动，则需要写清楚。对策表中的负责人是指组织该项对策实施的具体负责人。

制定对策表常用的方法包括：简易图表、PDPC活动、矩阵图、矢线图、正交试验设计法、优选法、头脑风暴法等。

7. 对策实施（D 阶段）

QC 小组成员按对策表中的实施措施逐项实施，如果在实施过程中遇到困难无法进行时，应及时由小组成员讨论，确实无法克服时，对对策进行修改，再按新对策实施。实施后，要立即收集改进后的数据，与对策表中的每一项对策目标进行对比，确认对策的有效性。

在实施过程中要做好活动记录，把每条对策的具体实施时间、参加人员、活动地点与具体如何做的，遇到困难是如何克服的，花了多少费用也加以记录，为整理成果报告提供依据。

对策实施常用的工具一般包括：调查表、控制图、直方图、过程能力指数、矩阵图、散布图、箭条图、流程图、PDPC 活动、优选法、正交试验设计法等。

8. 检查效果（C 阶段）

对策表中的全部对策都实施完成后，即所有的要因都得到解决或改进，要按改进后的条件进行试生产（工作），并从试生产（工作）中，进行数据收集，以便检查改进后取得的总体效果。

用对策实施后的数据与对策实施前现状数据以及小组制定的目标进行对比，看是否达到目标。如果达到小组制定的目标，说明问题已得到解决；如果未达到小组制定的目标，说明问题没有得到彻底解决，可能是主要原因没有完全找到，也可能是对策制定得不合适，没有有效地解决问题，因此要重新进行原因分析，再按各步骤进行。

通过小组活动解决了问题，取得了成果，就可以算出带来的经济效益，一般计算时间不超过活动期（包括巩固期在内），计算出的经济效益应该减去本课题活动中花去的费用，得出 QC 小组本次活动带来的直接经济效益。

效果检查常用的工具一般包括：调查表、排列图、控制图、简易图表、直方图等。

9. 制定巩固措施

通过活动取得效果后，应把效果维持下去，防止此类问题再出现，因此应制定巩固措施。首先把对策表中实施已经证明了有效的措施（如变更的操作标准、工作方法、变更的有关参数、资料、图纸、规章制度等）报有关主管部门批准，纳入企业相关标准，或将有效措施纳入班组的作业指导书、班组管理办法、制度等。其次对巩固期的情况到现场进行跟踪检查，确保取得的成果得到巩固。最后在巩固期内要做好记录，进行统计分析，用数据去说明成果的巩固情况。巩固期的时间应根据实际需要确定，只要有足够的时间说明在实际工作中效果是稳定的就可以。

制定巩固措施常用的工具一般包括：流程图、简易图表、控制图等。

10. 总结和下一步打算

本课题得到解决以后，应认真总结活动的全过程，专业技术、管理技术有哪些提高；并总结取得的无形效益，小组成员在质量意识、问题意识、改进意识、参与意识、个人能力、解决问题的信心、QC 知识的掌握、团队精神等方面取得的成果。

注意指令性目标和自选性目标活动程序的差别在于第二步和第三步，指令性目标课题在选题之后先设定目标，再进行目标可行性分析；而自定目标则需先开展现状调查，再设定目标，其他步骤相同。

五、创新型课题活动程序

"创新型"课题与"问题解决型"课题立意、过程、结果、方法不同。"创新型"课题 QC 小组利用全新的思维和创新的方法开发、研制新的产品、工具或服务，不断满足顾客日益增长的新需求，提高企业经营绩效，目的是提高企业产品的市场竞争力。

"创新型"课题活动的基本程序：选择课题、设定目标、提出各种方案并确定最佳方案、制定对策、按对策实施、确认效果、标准化、总结与今后打算等。

1. 选择课题

创新型课题立足于研制原来没有的产品、软件、服务、方法、设备等，在选题时要发动全体小组成员，运用"头脑风暴法"，打破常规，大胆设想，突破现有产品（服务）、业务、方法的局限，积极思考，从不同角度寻求创新的想法和意见。如果是多个课题，小组可以采取少数服从多数或矩阵分析等方法，选择小组成员最感兴趣、更具挑战性的课题，以更好地调动小组成员积极性与创造性。

创新性课题的名称是对本次小组创新活动内容的高度概括，应明确本次小组活动研制、开发的内容；体现课题的创新特征。如输电线路巡检系统的研发，10kV配变加油机的研制等。

选题理由要用简洁清楚的语言表达出课题的立意与来源。如没有可替代的产品及可借鉴的经验，也没有可参考的做法，从而引发小组成员自己动手创新的想法等。要做到思路清晰，理由直接，用数据交代清楚。

2. 设定目标及目标可行性分析

创新型课题活动的目标应围绕所选课题的目的而设定，即对研发的产品、服务、方法等所要达到的目进行目标设定。目标值需量化。

目标可行性分析从"5M1E"即人、机、料、法、环、测等6个角度分析小组所拥有的资源、具备的能力，以及课题难易度，注意用数据和事实分析该目标实现的可行性。

3. 提出各种方案并确定最佳方案

首先提出各种方案。小组全体成员用创造性思维，集思广益，把可能达到预定目标的各种方案全部提出，提出的方案不受常规思维、经验的束缚，不拘泥于该方案技术是否可行、能力是否能达到、经济是否合理等。在组员提出的各种方案的基础上，运用亲和图进行整理，去掉重复的，把不能形成独立方案的创意归类合并，形成若干相对独立的方案。提出的方案至少两个以上；方案应该具有可比性和独立性；方案应尽可能细化分解，直到分解到可以采取对策为止。其次对方案进行比较。对提出的所有方案逐个进行试验、综合分析、论证、比较，并做出评价。在综合分析和评价过程中，可以采用试验方法，也可将两个方案中的优点进行整合，形成新的更优方案。最后选择出最佳方案。

4. 制定对策

制定对策是对最佳方案的具体化，小组应将最终所选的方案用系统图等方法进行整理，按"5W1H"的表头制定对策表，目标栏是每个对策或手段要达到的对策目标，要尽可能量化；措施栏指每项对策目标实现的具体做法，要详细具体描述，其他与问题解决型课题要求相同。

5. 按对策实施（D阶段）

按照已制定的对策逐项实施，具体要求和注意事项与问题解决型课题相同。

6. 确认效果（C阶段）

创新型课题小组的效果检查是针对研制的某一产品、项目、技术、工艺或方法，利用收集实施后的数据，看是否达到小组的课题目标。达到了课题目标，说明小组取得了较好的活动效果，完成了本次的创新型活动课题；未达到课题目标，小组就要分析存在的原因，看是措施制定还是对策方案的问题，必要时可进行新一轮的PDCA循环。

小组在效果检查时，不但要计算经济效益，更要证实小组创新性的活动给未来的工作带来的效率提升、产品的更新换代及填补国内相关领域空白等社会效益，以展现小组课题活动的重大意义。

7. 标准化

创新型课题的成果如具有推广意义和价值，在今后生产、服务和工作中可再现、重复应用的，应将对策（方案）和措施进行标准化。对策和措施标准化的内容可以是设计图纸、工艺规程，也可以是管理办法及技术文件等，或根据研发课题的实际情况，经巩固期确认后进行标准化。如果课题是为解决某个专项问题而进行的、一次性的课题，可将研发过程的相关资料存档，指导今后小组活动的开展。

8. 总结与今后打算

从创新角度，回顾本次活动的全过程，看在专业技术、管理技术、特别是小组成员素质等方面得到哪些提高，总结小组活动的不足和创新特色，激励小组更好地开展创新课题活动。

今后打算：继续寻找并发现小组成员身边和工作现场存在的创新机会，明确下一个创新型的小组课题。

自定目标值课题、指令性目标课题、创新型课题活动程序如图3-8所示。

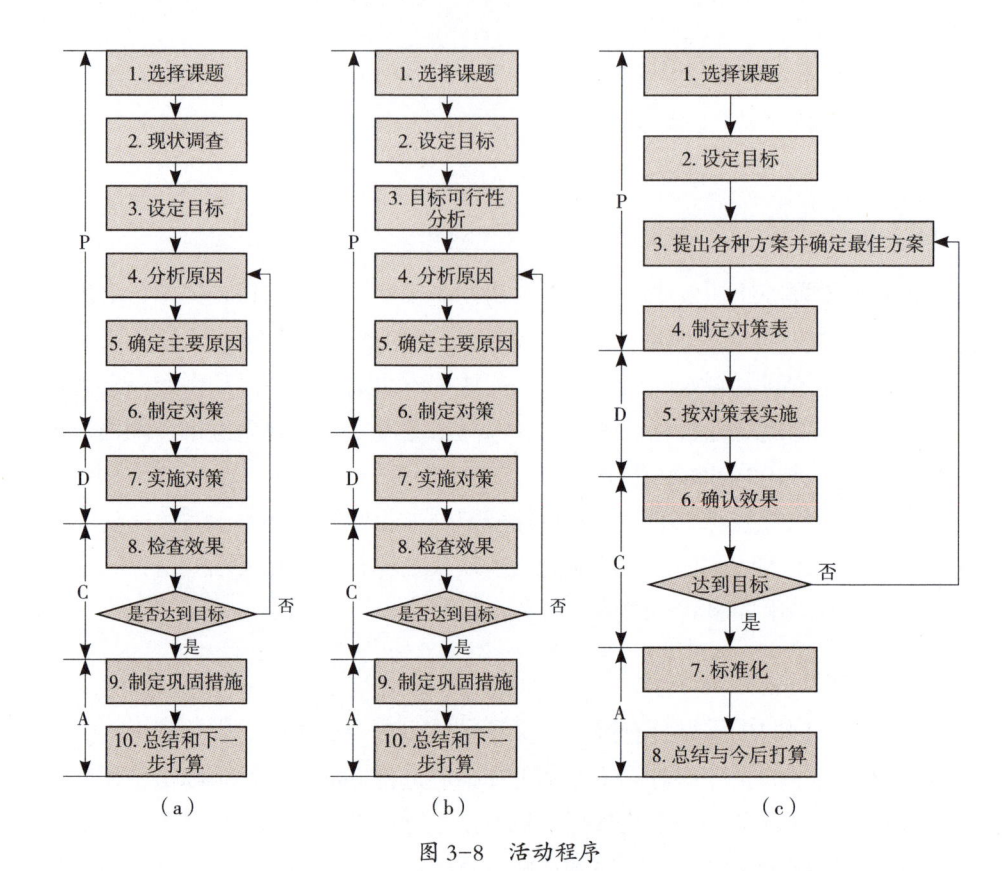

图 3-8　活动程序

（a）自定目标值课题活动程序；（b）指令性目标课题活动程序；（c）创新型课题活动程序

第四节　QC 小组活动统计工具的应用

正确应用 QC 工具、统计方法、用数据说话，增强小组解决问题的能力，是 QC 小组活动以科技为导向，适应经济发展的关键。

统计方法指收集、整理、分析和解释统计数据，并对其所反映的问题做出一定结论的方法。其目的是对数据进行整理、分析。其特点是全数检验或随机抽取。其作用是用事实和数据说话，提供活动的证据；准确地统计分析，决策下一步行动；提高效率，少走弯路。

一、QC 小组活动的常见技巧和方法

1. 调查表

调查表是用来系统地收集资料和积累数据，确认事实并对数据进行简单粗略整理和分析的统计图表，它能够使我们按统一的方式收集资料，设计灵活，形式多样，易于掌握和使用。调查表可用于数字资料分析，也可用于非数字资料分析。

调查表常用于小组活动中选题、现状调查等。

2. 排列图

排列图是按分类项目收集不合格品、缺陷、故障等质量改进项目的数据，然后依据出现频数大小排列，并标明累计和的一种图表。排列图由一个横坐标（项目）、两个纵坐标（左边为频数、右边为累计频数）、几个按从高到低（"其他"项例外）从左至右排列的柱形（宽度一致）和一条累计百分比折线组成。如图 3-9 所示。

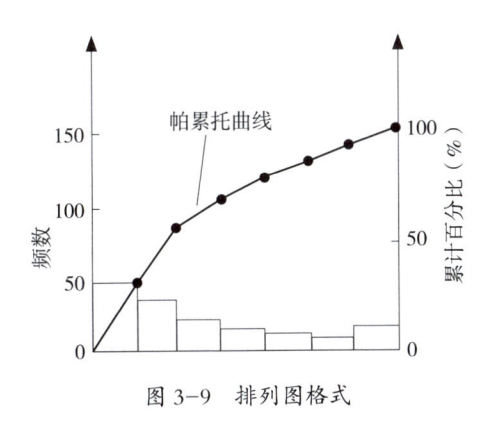

图 3-9 排列图格式

排列图可一眼看清问题焦点，找到问题出在哪里，哪个是主要的问题。常用于 QC 小组活动中选题、现状调查、原因分析、效果检查等。

应用排列图要注意：找出关键的少数；着重有能力解决的突出问题；取样量至少 50 个数据；分类项目为 3～8 项。

3. 直方图

直方图对离散进行简单控制。它是用一系列宽度相等、高度不等的长方形表示数据的图。长方形的宽度表示数据范围的间隔，长方形的高度表示在给定间隔内的数据数。如图 3-10 所示。

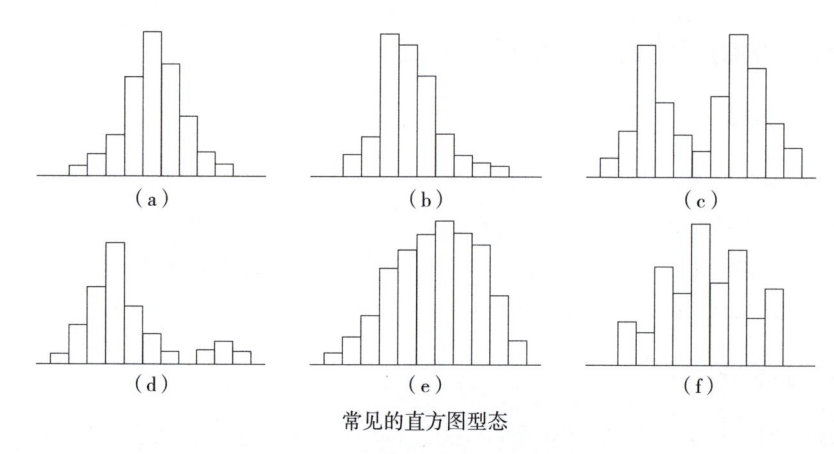

图 3-10　常见的直方图形态

(a) 正常型；(b) 偏向型；(c) 双峰型；(d) 孤岛型；(e) 平顶型；(f) 锯齿型

直方图可直观看到数据的分布，了解其呈现怎样的状态，找到问题所在，常用于 QC 小组活动中选题、现状调查、要因确定、对策制定与实施、效果检查等。

4. 因果图

因果图是表示质量特性波动与其潜在（隐含）原因的关系，即表达和分析因果关系的一种图表，如图 3-11 所示。因果图用于追究问题的根本原因，是针对特性（结果）整理出相关原因（要因）的工具。制作因果图时，要汇集大家的知识与技术来追查产生问题的原因，客观分析，只要对结果可能造成影响的原因都要纳入。

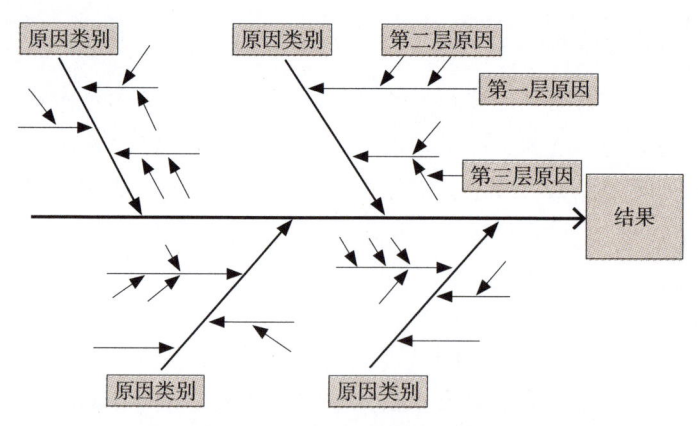

图 3-11　因果层次展开示意图

画因果图要注意：一个质量问题只能画一张图；原因之间无关联；分析到3~5层为宜；箭头从原因指向结果；因果关系要分明，展开到可直接采取对策为止；所有末端原因都需要逐一验证，如到现场观察、测量、试验等；画图前应召开会议，集思广益；画图时主干线画粗些，主要类别相互独立，重要原因突出标识，分析画整齐些。

5. 树图（系统图）

树图是表示某个质量问题与其组成要素之间的关系，从而明确问题的重点，寻求达到目的所应采取的最适当的手段的措施的一种树枝状图。树图可以系统地把某个质量问题分解成许多组成要素，以显示出问题与要素、要素与要素之间的逻辑关系和顺序关系。树图可分为纵向宝塔型、横向侧向展开型，如图3-12所示。

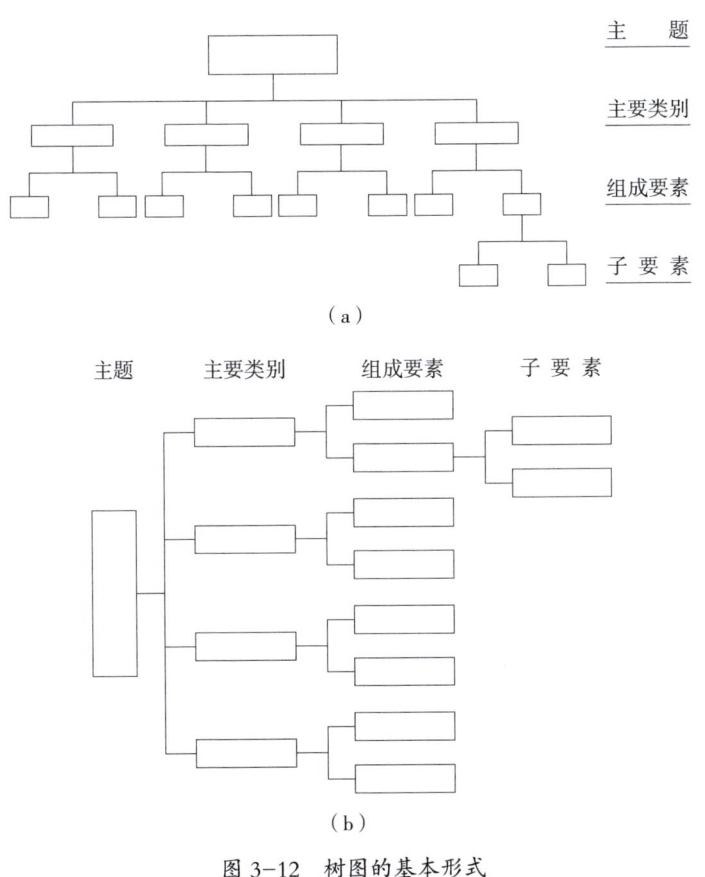

（a）

（b）

图3-12 树图的基本形式

（a）纵向宝塔型树图；（b）横向侧向型树图

树图把要解决的问题作为目的,将解决的"手段"逐级展开,分析到可采取对策。"目的"与"手段"之间有明确的"顺序"和"逻辑"关系。树图常用于小组活动中原因分析。

6. 关联图

关联图是解决关系复杂、因素之间又相互关联的原因与结果或目的与手段等的单一或多个问题的图示技术,是根据逻辑关系理清复杂问题、整理语言文字资料的一种方法。如图 3-13 所示。

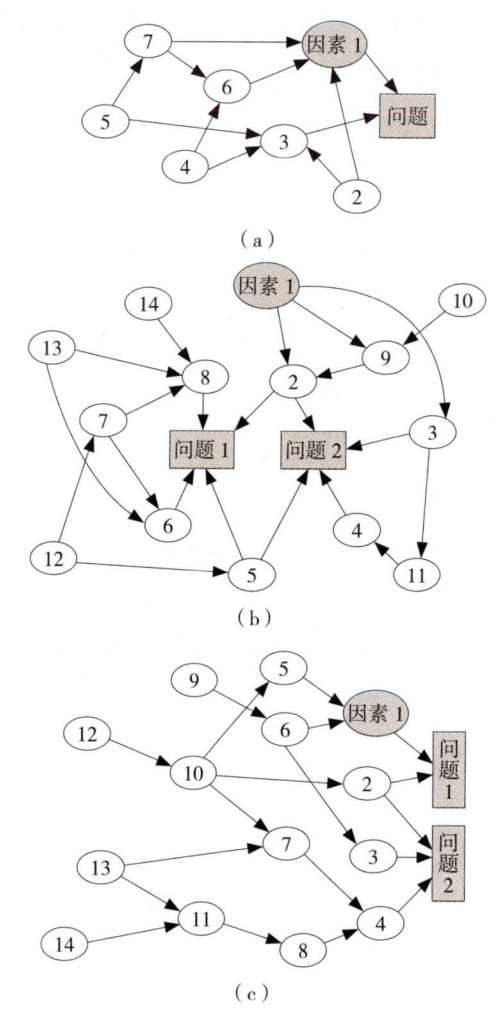

图 3-13 关联图的基本形式

(a)关联图的基本形式;(b)中央集中型关联图;(c)单侧汇集型关联图

关联图常使用在小组活动的原因分析中。应注意末端因素是可采取措施的，箭头只出不进；箭头方向：原因→结果，手段→目的；要因应标明，结论需经现场验证。

7. 亲和图

亲和图是把收集到的大量有关某一特定主题的意见、观点、想法和问题，按它们之间相互亲近程度加以归类、汇总的一种图。亲和图常用于归纳、整理由"头脑风暴"法所产生产各种意见、观点和想法等语言资料。如图 3-14 所示。

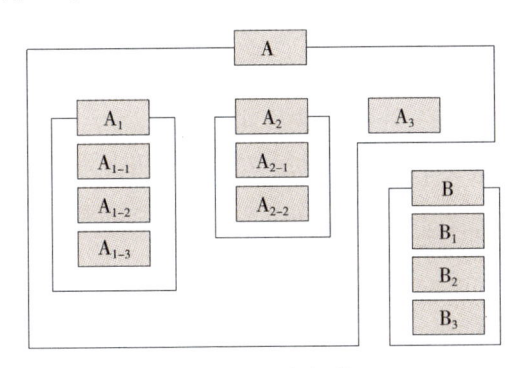

图 3-14　亲和图

亲和图常用于小组活动中选题、现状调查。将凌乱的语言文字资料利用其间的相互亲和性进行整理、归纳，明确问题的本质，获得创新想法。

8. 控制图

控制图是用来区分由异常原因引起的波动或是由过程固有的随机原因引起的偶然波动的一种工具，如图 3-15 所示。

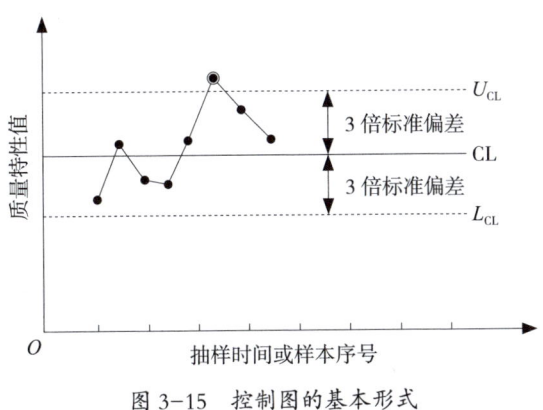

图 3-15　控制图的基本形式

控制图看过程是否处于稳定状态，常用于小组活动选题、现状调查、巩固期效果检查等。

使用控制图应注意：过程处于基本稳定状态才使用。

9. 分层法

分层法是按照一定的标志，把搜集到的大量有关某一特定主题的统计数据加以归类、整理和汇总的一种方法。分层的目的在于把杂乱无章和错综复杂的数据加以归类汇总，使之确切地反映客观事实。

分层法常用于小组活动中选题、现状调查、目标设定、要因确定等。注意分层在两层以上才有意义；不同层次之间的差别要大，同一层次内的差异幅度要小；分层法常常与排列图、直方图、控制图、调查表联手使用。

10. PDPC（过程决策程序图）

过程决策程序图亦称 PDPC 法，它的特征是使用预测科学和系统论的思想方法，对实现理想目的进行多方案设计。在动态实施过程中，随着事态发展所产生的各种结果及时调整方案，运用预先安排好的程序来保证达到预期结果。通俗地讲该法就是"多做几手准备"，事先想到困难并安排应急措施的一种计划方法，如图 3-16 所示。

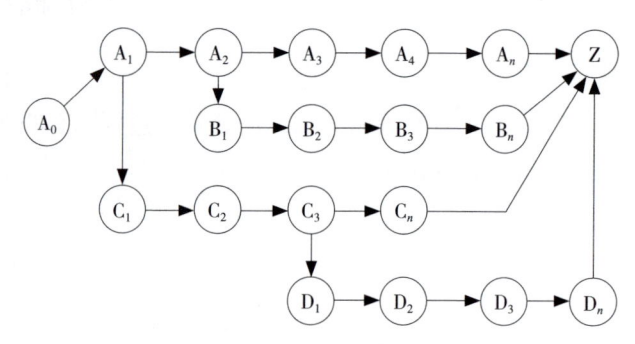

图 3-16　PDPC 的基本形式

11. 箭条图

箭条图又叫矢线图，如图 3-17 所示。它是用网络的形式来安排一项工程（产品）的日历进度，说明其作业之间的关系，以提高效率管理进度的一种方法。

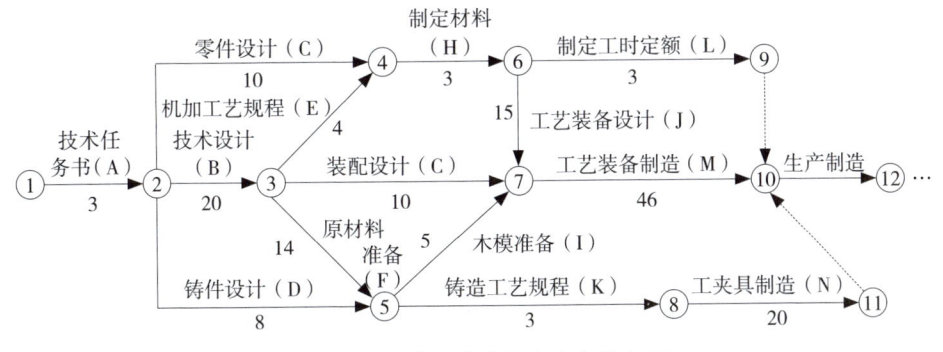

图 3-17 新产品生产技术准备箭条图

长期以来，在计划工作中都采用甘特图（线条图）来计划和控制工作进度，见表 3-4。

表 3-4　　　　　　　　某工程项目的计划进度（甘特图）

作业名称	1	2	3	4	5	6	7	8	9	10	11	12	13	14	15	16	17	18
A																		
B																		
C																		
D																		
E																		
F																		
G																		
H																		
I																		
J																		
K																		

12. 矩阵图

矩阵图是以矩阵的形式分析问题与因素、因素与因素、现象与因素之间相互关系的图形，基本格式如表 3-5 所示，一般常把问题、因素、现象放在图中的行或列的位置，而把它们之间的相互关系放在行和列的交点处，并用不同符号表示它们的相关程度，常用的相关程度的符号有两种：◎表示有强相关（或密切关系）；○表示有关系（或弱相关）。

表3-5　　　　　　　　　　矩阵图格式

L \ R	R_1	R_2	R_3	R_4	R_5	R_6	…	…	R_a
L_1									
L_2									
L_3									
L_4									
…									
L_m									

13. 散布图

散布图是研究成对出现的两组相关数据之间相关关系的简单图示技术。如(X,Y)，每对为一个点子。在散布图中，成对的数据形成点子云，研究点子云的分布状态便可推断成对数据之间的相关程度。如图3-18所示。

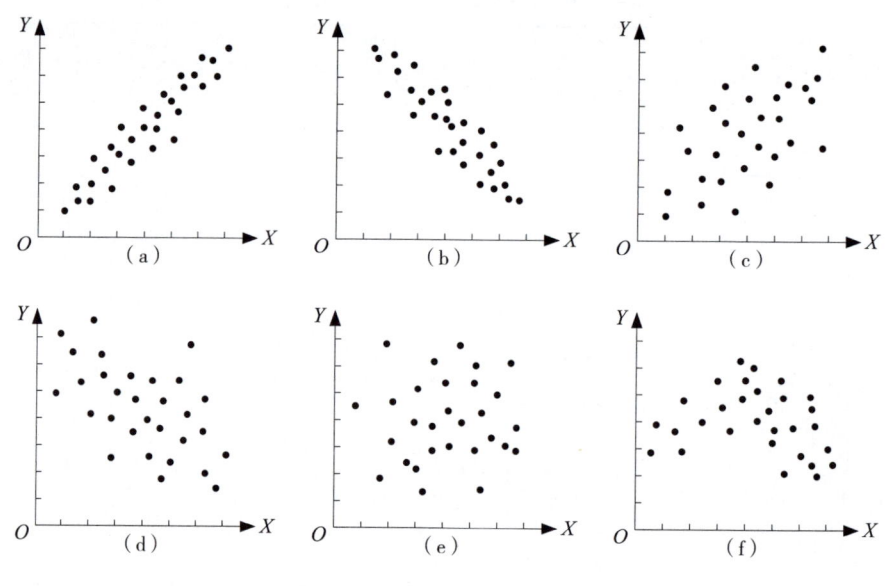

图3-18　典型的点子云形状图
(a) 强正相关；(b) 强负相关；(c) 弱正相关；
(d) 弱负相关；(e) 不相关；(f) 非直线相关

散布图研究两个变量之间的相关关系，有利于之后采取进一步分析，寻找原因，制定改进对策。

二、QC 小组活动方法在程序中的选用

QC 小组活动方法在程序中选用的工具见表 3-6。

表 3-6　　　　QC 小组活动方法在程序中的选用

序号	方法 程序	老 QC 七种工具							新 QC 七种工具							其他方法				
		分层法	调查表	排列图	因果图	直方图	控制图	散布图	树图	关联图	亲和图	矩阵图	箭条图	PDPC法	矩阵数据分析法	简易图表	正交试验设计法	优选法	水平对比法	头脑风暴法	流程图
1	选题	⊙	⊙	⊙		○	○		⊙	⊙					⊙			○	⊙	○
2	现状调查	⊙	⊙	⊙												⊙					
3	设定目标	○														⊙			⊙		
4	分析原因				⊙				⊙	⊙		○									⊙
5	确定主要原因			○		○										⊙					
6	制定对策	⊙			○					⊙		⊙	⊙			⊙				⊙	
7	按对策实施																				
8	检查效果		○	○		○	○									⊙		○			
9	制定巩固措施		○				○									⊙					○
10	总结和下一步打算	○														⊙					

三、工具的作用

工具的作用如图 3-19 所示。

老七种工具	主要作用	新七种工具	主要作用
1. 分层法 2. 调查表 3. 排列图 4. 因果图 5. 直方图 6. 控制图 7. 散布图	从不同角度层面发现问题 收集、整理资料和数据 确定问题的症结所在 寻找引发问题症结的原因 展示过程的分布情况 识别波动的来源 展示变量之间的线性关系	1. 树图 2. 关联图 3. 亲和图 4. 矩阵图 5. 箭条图 6. PDPC 法 7. 矩阵数据分析法	寻求实现目标手段 理清复杂因素间的关系 从杂乱语言数据中得到信息 多角度分析存在的问题 合理制定进度和计划 预测可能出现的障碍和结果 变化数据分析

图 3-19　新老七种工具的作用

第五节　QC 成果报告编写与评价

一、整理编写 QC 成果报告

经过 QC 小组全体的共同努力，完成了选定的活动课题，实现了预期的目标。小组成员坐下来共同回顾本课题活动的整个过程：了解、测量目标实现的程度；找到活动全过程的闪光点，实现价值，发扬光大；发现小组活动的不足，今后改善的方向；收获来自成功的经验和失败的教训；作为宝贵资料，成为技术的积累。严格按照 QC 活动程序进行总结，把活动过程总结到成果报告中。

1. 成果整理步骤

成果整理步骤如图 3-20 所示。

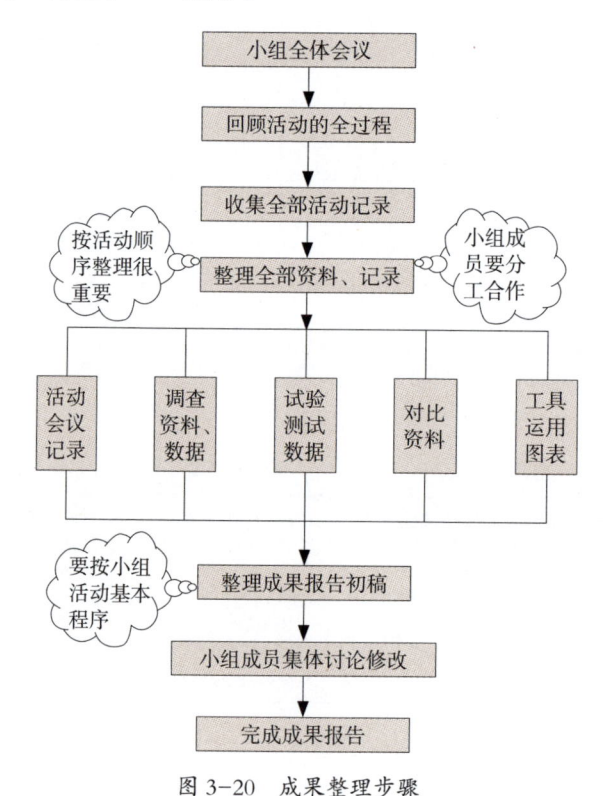

图 3-20　成果整理步骤

2. 成果整理基本要求

1）文字要精练。

2）按活动程序逐步总结。成果报告要前后呼应，如选题理由中提到的理由应和下一步确定的主要问题、主要原因、对策、效果检查相对应；原因分析应针对主要问题进行分析；也就是说在整理成果报告的过程中对每一步骤要前后考虑，相互呼应。

3）能用图表、示意图等形象化方式表达的尽量使用图表，而不用文字叙述。

4）成果报告要真实，不允许"倒装"和"穿鞋戴帽"。

5）要根据课题内容抓住重点，详略得当，整个成果要突出一条主线，即：找主要问题，找主要原因，针对要因制定对策，实施对策，要围绕课题的中心内容来阐述小组活动，切忌节外生枝，画蛇添足。特别要注意，切忌过分夸张，为突出本小组的成绩而将整个部门、单位的工作全盘否定或全部揽在小组之上。特别要防止使用广告性语言。

6）科技名词和术语应采用通用的统一名词，避免使用俗名和地方性的名词，对专业性很强的名词要进行必要的解释。

7）计量单位应采用法定计量单位。计量单位出现在文字叙述中用中文名称，在图表或公式中用符号表示。

8）特别要注意的是：要有自己的特色与特点。例如：创新型课题你的创新点在哪；攻关型课题你攻的什么关。

3. 整理中应注意的问题

整理中应注意的问题如图 3-21 所示。

图 3-21　整理中应注意的问题

二、QC 小组活动成果报告内容

问题解决型课题（自选目标值）、问题解决型课题（指令性目标值）、创新型课题成果报告内容如表 3-22 所示，课题背景、名词解释、小组概况、活动计划等内容不做硬性要求，小组可根据活动需要正确添加。

```
                    ┌─────────────────────────┐
                    │ QC 小组活动成果报告内容要求 │
                    └────────────┬────────────┘
                                 ↓
```

┌──────────────────────┐ ┌──────────────────────┐ ┌──────────────────────┐
│ 问题解决型课题程序   │ │ 问题解决型课题程序   │ │ 创新型课题程序   │
│ （自选目标值）   │ │ （指令性目标值）   │ │   │
├──────────────────────┤ ├──────────────────────┤ ├──────────────────────┤
│ ➤ 选择课题   │ │ ➤ 选择课题   │ │ ➤ 选择课题   │
│ ➤ 现状调查   │ │ ➤ 设定目标   │ │ ➤ 设定目标（含目标   │
│ ➤ 设定目标   │ │ ➤ 目标可行性分析   │ │   可行性分析）   │
│ ➤ 分析原因   │ │ ➤ 分析原因   │ │ ➤ 提出各种方案并确   │
│ ➤ 确定主要原因   │ │ ➤ 确定主要原因   │ │   定最佳方案   │
│ ➤ 制定对策   │ │ ➤ 制定对策   │ │ ➤ 制定对策   │
│ ➤ 按对策实施   │ │ ➤ 按对策实施   │ │ ➤ 按对策实施   │
│ ➤ 检查效果   │ │ ➤ 检查效果   │ │ ➤ 确认效果   │
│ ➤ 制定巩固措施   │ │ ➤ 制定巩固措施   │ │ ➤ 标准化   │
│ ➤ 总结及今后打算   │ │ ➤ 总结及今后打算   │ │ ➤ 总结及今后打算   │
└──────────────────────┘ └──────────────────────┘ └──────────────────────┘

课题背景、名词解释、小组概况、活动计划等内容不做硬性要求，小组可根据活动需要正确添加。

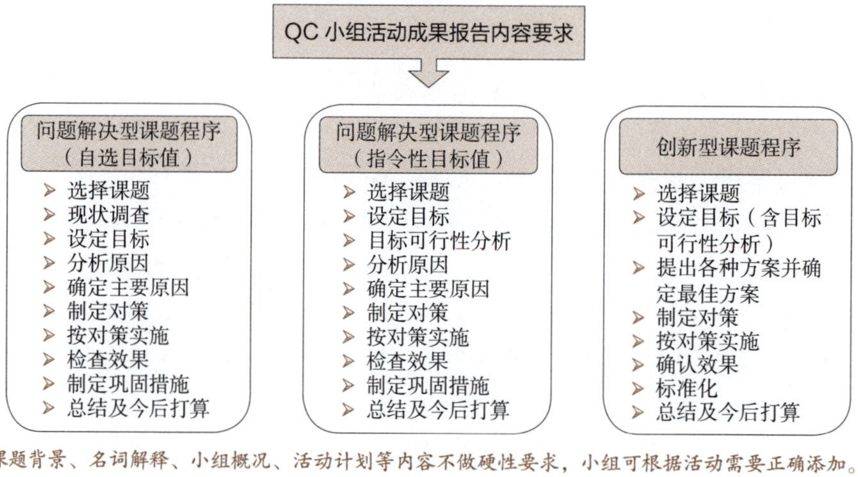

图 3-22　QC 活动成果报告内容要求

三、QC 小组活动成果评价

将小组成果与评审标准对比，衡量小组活动成果的完整性、正确性、真实性、有效性。

1. QC 小组成果评审的目的

对 QC 小组活动成果进行评价的目的：一是肯定成绩；二是总结经验；三是指出不足；四是提高 QC 小组活动水平。

2. QC 成果评审原则

1）抓大放小，从大处着眼，抓主要问题。

2）要客观评价并有依据，一看是否符合 PDCA 逻辑关系，二看是否用数据说话；三看统计工具运用是否正确、恰当。

3）不钻专业技术牛角尖。

4）不单纯以经济效益为依据评判成果优劣。

3. 评审的基本要求

一是对 QC 小组成员的努力成果给予大力的表彰和肯定,调动小组成员的积极性;二是专家提出改进意见,以指导下次活动,提高 QC 小组的活动水平;三是通过相互交流获得启迪和帮助。

4. QC 小组活动成果评审标准

QC 小组活动开展得如何,最真实的体现是活动现场,因此对现场的评审是 QC 小组活动成果的评审的重要方面。评审的项目及内容见表 3-7。

表 3-7　　　　　　　　QC 小组活动成果现场评审表

小组名称:　　　　　　　　　　　课题名称:
小组类型:　　　　　　　　　　　评审日期:

序号	评审项目	评审内容	配分	得分
1	QC 小组的组织	(1) 小组和课题已进行注册登记; (2) 小组活动时,小组成员出勤情况; (3) 小组成员参与组内分工情况; (4) 小组活动计划及完成情况	5~10	
2	活动情况与活动记录	(1) 活动过程是否按 QC 小组活动程序进行; (2) 活动记录(包括各项原始数据、调查表、记录等)妥善保存、真实完整; (3) 制订各阶段活动详细计划,每一阶段是否按计划完成; (4) 活动记录的内容与发表资料的一致性	20~30	
3	活动真实性和有效性	(1) 小组课题对工艺、技术、流程、管理、服务的改进点是否有改观; (2) 各项改进在专业技术上是否做到科学有效; (3) 取得的经济效益是否得到财务部门的认可; (4) 无形效益是否得到验证; (5) 统计方法应用是否纳入有关标准或制度	20~30	
4	成果的维持与巩固	(1) 对成果内容进行了核实和确认,并已达到所制定的目标; (2) 取得的经济效益已得到财务部门的认可; (3) 改进的有效措施已纳入有关标准; (4) 现场已按新的标准作业,并把成果巩固在较好的水准上	10~20	
5	QC 小组教育	(1) 小组成员是否能够了解 QC 小组活动内涵与程序; (2) 小组成员对方法和工具的掌握程度和水平如何; (3) 通过本次活动,小组成员质量管理知识如技能水平有哪些提升	5~10	
总体评价			总分	
评委签名			年　月　日	

在 QC 小组活动成果发表时，为了互相启发，学习交流，肯定成绩，指出不足，以及评选优秀 QC 小组，还要对成果进行发表评审。发表评审的项目及内容见表 3-8 和表 3-9。

表 3-8　　　　　　　　QC 小组活动成果发表评审表
（问题解决型程序）

小组名称：　　　　　　　　　　　课题名称：

序号	评审项目	评审内容	配分	得分
1	选题	（1）所选课题经过项目查新，具有实质性进步和显著特点，与同类别课题具有明显差异点； （2）所选课题应与上级方针目标相结合，或是本小组现场急需解决的问题； （3）课题名称要简洁明确地直接针对所存在的问题； （4）现状已清楚掌握，数据充分，并通过分析已明确问题的症结所在； （5）现状已为制定目标提供了依据； （6）目标设定不要过多，并有量化的目标值、有充分依据； （7）工具运用正确、适宜	8~15 分	
2	原因分析	（1）应针对问题症结分析原因，因果关系明确、清楚； （2）原因分析透彻，一直分析到可直接采取对策的程度； （3）主要原因要从末端因素中选取； （4）对所有末端因素都进行要因确认，用数据、事实客观地证明确是主要原因； （5）工具运用正确、适宜	13~20 分	
3	对策与实施	（1）针对所确定的主要原因，逐条制定对策； （2）对策应按"5W1H"的原则制定，每条对策在实施后都能检查是否已完成（达到目标）及有无效果； （3）按对策表逐条实施，实施后应实现对策目标； （4）大部分的对策应由本组成员实施，遇到困难能努力克服； （5）工具运用正确、适宜	13~20 分	
4	效果	（1）取得效果后与原状比较，确认其改进的有效性，与所制定的目标比较，看其是否已达到； （2）取得经济效益的计算实事求是、无夸大； （3）已注意对无形效果的评价； （4）改进后的有效方法和措施已纳入有关标准，并按新标准实施； （5）改进后的效果能维持、巩固在良好的水准，并用图表表示出巩固期的数据； （6）工具运用正确、适宜	13~20 分	
5	发表	（1）发表资料系统分明，前后连贯逻辑性好； （2）发表资料通俗易懂，应以图、表、数据为主，避免通篇文字、照本宣读	5~10 分	
6	特点	统计方法运用突出，有特色，具有启发性	8~15 分	
总体评价			总得分	
评委签名				

表 3-9　　　　　QC 小组活动成果发表评审表

（创新型程序）

小组名称：　　　　　　　　　　课题名称：

序号	评审项目	评审内容	配分	得分
1	选题	（1）所选课题经过项目查新，创新性较强，具有实质性进步和显著特点，与同类别课题具有明显差异点； （2）题目选定是否有创新的含义； （3）选题的理由、必要性要具体充分； （4）目标要具挑战性，并要有量化的目标和分析	8~15 分	
2	提出方案，确定最佳方案	（1）应充分、广泛地提出方案； （2）确定最佳方案要全面透彻，事先评价，科学决策，必要时要做模拟试验； （3）工具运用正确、适宜	20~30 分	
3	对策与实施	（1）依据最佳方案按"5W1H"原则制定对策表； （2）按对策表逐条实施，实施后应实现对策目标； （3）工具运用正确、适宜	8~15 分	
4	效果	（1）确认效果并与目标比较； （2）经济效益的计算实事求是、无夸大； （3）注重活动过程及对无形效益的评价； （4）成果应经专业部门批准应用，图纸、资料应规范存档	8~15 分	
5	发表	（1）发表资料要系统分明，前后连贯，逻辑性好； （2）发表资料应以图、表、数据为主，通俗易懂，不用专业性较强的词句和内容； （3）发表时要从容大方，有礼貌地讲成果； （4）回答问题时诚恳、简要、不强辩	6~10 分	
6	特点	（1）选题具体务实； （2）充分体现小组成员的创造性	10~15 分	
总体评价			总得分	
评委签名				

第六节　QC 小组成果申报表彰交流

一、评审表彰

按照逐级申报、限额推荐的原则评选优秀 QC 小组活动成果。各省级单位在次年一季度前完成成果评审、推优和总结，基层单位按要求填写《QC 小组活动情况统计表》《QC 小组活动优秀成果申报表》上报省级单位。

申报参加各级评审的 QC 小组活动成果必须是当年注册登记的课题，成果的有效性应经本单位相关专业部门验证，评审单位应对申报成果进行查新。

成果评审应坚持公平、公正、公开原则。QC小组活动成果评审应由现场评审和发表评审两部分组成。现场评审占成果评价的60%，内容包括QC小组活动记录检查、现场成果验证和QC小组活动成果报告书评审等；发表评审应占成果评价的40%。

全国电力行业优秀QC小组活动成果的推荐和申报，由公司企协统一负责。已获得公司表彰的QC小组活动成果不再推荐参加省、市质协或其他行业组织的评审活动。各单位通过任何形式申报国家级QC小组活动成果，须提前向公司企协报备。

二、交流推广

各单位应构建成果交流推广平台，创新成果交流推广方式，通过成果数据库、信息系统平台、优秀成果汇编、成果发布会、经验交流会等形式，开展QC小组活动成果交流推广，如图3-23所示。

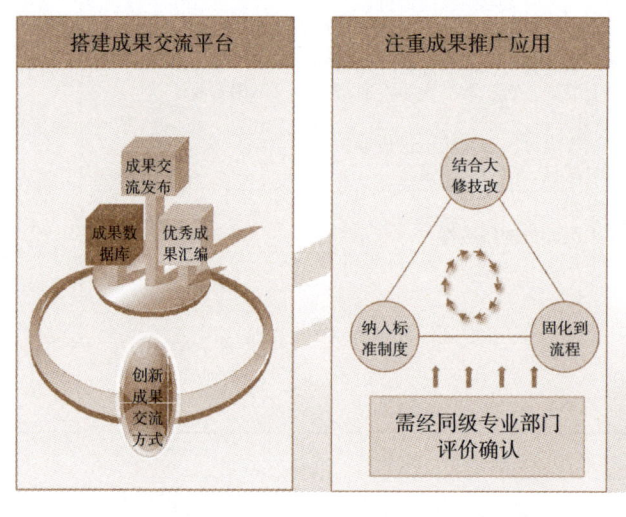

图 3-23 交流推广

推广成果应经同级专业部门评价确认，根据成果适用范围，公司及各单位组织开展QC小组活动成果推广应用。

公司QC小组活动成果推广应用工作可采用纳入技术标准和规章制度，结合大修技改项目等方式组织推广实施。

QC小组活动应与职工技术创新有序衔接，实现QC小组活动成果和职工技术创新成果信息共享，共同提高成果质量。

对于具备专利申报条件和潜质的成果，应积极培育、引导小组开展专利申报并给予相应的资金、技术等支持。

三、成果奖励兑现

QC 小组活动优秀成果的评定应坚持"问题解决型"和"创新型"课题并重原则。公司组织对年度优秀成果进行奖励并颁发证书。

QC 小组活动成果应真实有效，凡弄虚作假者，取消所获荣誉和奖励，并通报批评。

各单位要严格落实奖励标准，兑现奖励金额，积极协调人资落到实处。

各单位要依据有关规定制度获得国家级、行业级、省（市）级等优秀质量管理（QC）小组成果的差异化奖励标准，报企协备案同意后实施。

第四章 "五小"创新

第一节 "五小"不小 厚积薄发大能量

如果每个基层员工都能够在自己的工作中实现一次哪怕最小的创新，那么，所有基层员工的创新成果汇集起来将成为一股巨大的能量，推动整个企业实现整体创新目标，甚至产生一次质的飞跃。

一、"五小"概述

"五小"活动最早是20世纪80年代共青团中央会同国家经委、全国总工会发起的在企业团组织和青年中开展的生产竞赛。"五小"具体内容包括小建议、小创造、小设计、小革新、小发明，如图4-1所示。活动目的是为了引导青年从"小"做起，立足本职岗位，关心企业发展，促使青年在生产实践中发挥聪明才智，动脑筋，想办法，解决生产岗位上存在的问题，促进生产的发展。

图4-1 "五小"创新结构图

"五小"创新活动的基本要求：以"五小"为主要内容，总结经验，增强实效，注重发挥职工大师（劳模）创新工作室科技创新的引领作用，开展技术攻关、提高生产效率、降低成本消耗、强化内部管理、促进企业发展。

小建议：指员工结合自身工作经验对企业的生产过程或者管理制度等方面提出的合理化建议等。

小创造：对已有设备、用具等进行小型改造以提高功效或废旧利用。

小设计：对产品的外形及构造的设计、生产工艺的设计，或者为了达到某种目的而专门进行的设计等。该成果具有完整性和可操作性。

小革新：针对企业的生产设备、工艺及操作方法等方面的陈旧和落后之处进行革新，使生产工艺和操作技术进步、设备更新。

小发明：针对企业在生产、建设以及节能等方面首次创造发明的某种产品。

二、"小"创新带来大作用

说到创新，很多人可能就想到了那些给整个人类文明带来翻天覆地变化的各种创新产物，也能想起这些创新的缔造者。这些伟大创新可能并非一般人所能做到的，然而在工作岗位上的小小创新就不值得去追求吗？当然不是。其实，无论是在生活还是在工作中，很多时候，正是一些小创新给人们带来大实惠和诸多方便，而有时小创新在特定的条件下或是许多小创新汇集在一起相互作用时，产生的作用一点也不比那些伟大的创新差。

基层职工如果也想通过这些小创新，让自己的工作成果更有价值，那么就需要做到几个关键点，如图4-2所示。

工作中的细节创新，可能不会带来翻天覆地的变化，然而这些小创新不断积累，不断影响职工的工作结果，最终就会带来巨大的改变，也让职工显现出更大的价值，甚至对企业产生重要影响。

三、从"小"开始，激发职工创新热情

关于"五小"创新，职工们都应该有正确的认识，把"五小"创新当作自己实现创新的绝佳途径。而除了职工自己需要树立正确的理念外，企业也应该给职工提供各种有利条件，帮助职工更好地在工作中走好"五小"创新道路。

1. 落实"三个"到位，推动职工"五小"创新机制化

推动职工"五小"创新机制化要素如图4-3所示。

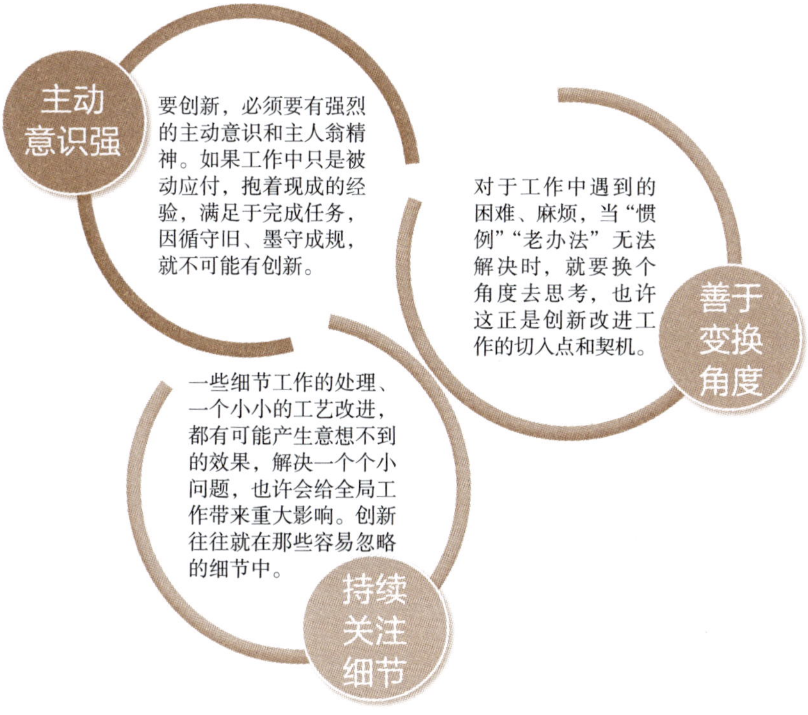

主动意识强：要创新，必须要有强烈的主动意识和主人翁精神。如果工作中只是被动应付，抱着现成的经验，满足于完成任务，因循守旧、墨守成规，就不可能有创新。

善于变换角度：对于工作中遇到的困难、麻烦，当"惯例""老办法"无法解决时，就要换个角度去思考，也许这正是创新改进工作的切入点和契机。

持续关注细节：一些细节工作的处理、一个小小的工艺改进，都有可能产生意想不到的效果，解决一个个小问题，也许会给全局工作带来重大影响。创新往往就在那些容易忽略的细节中。

图 4-2　职工创新的关键点

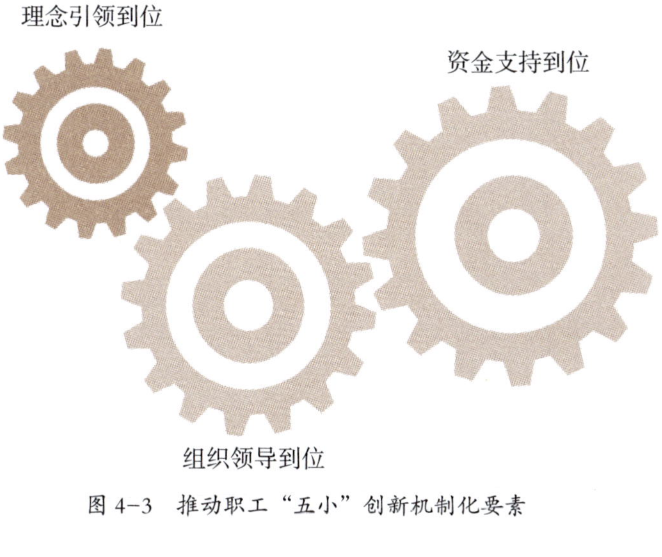

理念引领到位

资金支持到位

组织领导到位

图 4-3　推动职工"五小"创新机制化要素

（1）理念引领到位。牢固树立"发现问题就是进步，解决问题就是创新"的工作理念，从统一认识入手，凝聚员工智慧和力量。引导广大员工及基层干部深刻认识到，实施"五小"创新是企业的中心工作，是帮助基层员工实现创新、共同推动企业和自身进步的最佳途径；参与"五小"创新，能够为企业安全生产破解难题，降本增效，能够提升自身业务技能素质。

（2）组织领导到位。企业应该成立以企业最高领导任组长、各部门分管领导、优秀创新者任副组长、各专业处室负责人为成员的领导小组。各部门基层也相应成立领导机构，形成三级网络组织。此外，为了保证"五小"创新机制的公平、公正，还可以成立员工"五小"创新成果评审委员会，具体负责员工创新成果评定意见和评定等级。

（3）资金支持到位。企业管理者应该积极争取政策支持，把职工"五小"创新纳入企业整体创新规划中，每年评选、表彰职工"五小"创新项目，从企业的创新基金和工作成果奖励基金中列支职工"五小"创新竞赛活动经费，保证资金及时到位，专款专用。有了资金的支持，"五小"创新工作才能更有效地展开，职工参与的积极性才会更高。

2. 抓好四个注重，推动职工"五小"创新常态化

推动职工"五小"创新常态化要素如图 4-4 所示。

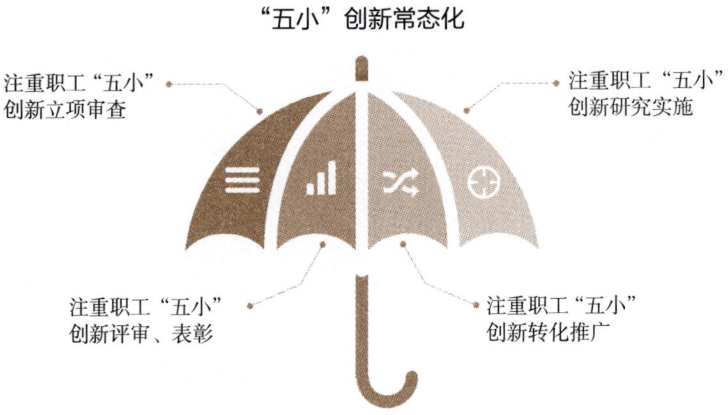

图 4-4 推动职工"五小"创新常态化要素

（1）注重职工"五小"创新立项审查。制定企业职工"五小"创新管理办法，形成由立项—初审—公布—实施—督导—申报—评审—奖励—推广转化—向上级推荐的工作程序，如图 4-5 所示。所有选定的"五小"创新项目都应

该填写立项申报书，进行统一立项申报；企业职工"五小"创新成果评审委员会要按时、公开召开专题会议，对立项成果从选题理由、研制背景及创新应用等方面进行严格审查、论证，按照不低于立项申报数一定比例最终确定立项成果，并予以公布，有效保证项目的创新性和实用性。

图 4-5 "五小"管理工作程序图

（2）注重职工"五小"创新研究实施。凡是立项的"五小"创新成果，都要求各单位制定研究方案，明确完成时间，落实责任人，并在时间、经费等方面提供保障，保证项目的有序实施。企业可以依托"技术培训中心""劳模大师工作室""青年创新工作室"等已有的企业职工培训部门，举办培训班、技术知识专题讲座等活动，如图 4-6 所示，切实为广大职工开展立项成果研究搭建广阔平台。此外，在搭建这些创新教育平台时，还要区分专业类别，组织各评审小组技术专家深入基层单位对立项成果进行指导，帮助解决立项成果推进过程中存在的问题，确保立项成果的顺利完成。

图 4-6 企业依托平台

（3）注重职工"五小"创新评审、表彰。企业应在固定时间专门下发申报通知，对完成的职工"五小"创新成果进行申报，制作"五小"创新成果模型；组织各专业评审小组，依据项目的创造性、先进性及作用意义等方面，确定评奖等级，并提出鉴定意见，由领导小组及评审委员会联合审核研究后，下文表彰奖励。可以在企业内成立"五小"创新协会，对创新成果实行月度申报、季度发布表彰等。根据项目的创新特点，把职工的创新成果以本人的姓氏、名字予以命名，这样既保护职工的创新成果和知识产权，同时也激发广大职工的创新热情，在企业形成独有的基层"五小"创新品牌。

（4）注重职工"五小"创新转化推广。对评选、表彰的创新成果，组织召开"五小"创新成果发布会、举办"五小"创新成果模型展示会，进行发布展示；编写印刷企业职工"五小"创新成果汇编，录制职工"五小"创新成果多媒体课件，在班前会、总结会等时间，组织广大职工相互学习、相互借鉴。可以基层班组为单元建立"五小"创新成果转化站、职工"五小"创新成果资源库、职工"五小"创新模型展示室等"五小"创新展示基层平台，有力地推动创新成果的进一步转化推广。

3. 实现三个提升，推动职工"五小"创新高效化

推动职工"五小"创新高效化要素如图4-7所示。

图4-7 推动职工"五小"创新高效化要素

（1）提升职工"五小"创新融入企业改革发展的能力。坚持把职工"五小"创新与安全生产、经营管理、后勤服务等重点工作相结合，实施职工创新建功立业工程，例如，可以深入开展安全生产示范岗、职工"手指口述"示范岗、"修旧利废、节支降耗、挖潜增效"竞赛、职工创新志愿者服务等品牌活动，实现职工"五小"创新与企业中心工作的高度融合。

（2）提升职工利用"五小"创新成长成才的能力。坚持把职工"五小"创新作为职工素质提升工程的有效载体，深入开展学历升级、技能晋位、导师带徒、大学生挂职班组长、见习技术员等活动，成立新职工创新班组、创新开拓团队等小团体，促进职工素质的快速提升。

（3）提升职工"五小"创新能力，增强创新组织的影响力。坚持把职工"五小"创新作为衡量基层创新组织工作成效的准绳，即"'五小'创新开展好，选树先进就优先"，激发基层创新团体的工作积极性。

当然，以上所说的只是对企业帮助、推动"五小"创新在基层范围内开展的一些建议和看法，具体的实施还是要依照企业自身情况由企业领导者最终确定。不可否认，"五小"创新的顺利开展在根本上离不开企业和企业领导者的支持。

第二节　小发明源自脑海的想象力

拥有丰富的想象力是成为一个优秀创新型职工的前提。任何创新最初都源自脑海中的那灵机一动，只有不断培养、发挥、锻炼自己的想象力，在工作中才能更容易激发灵感，从而找到更多创新的契机。

一、想象力是实现小发明的基础

创新的途径虽然有很多，但是总体来讲只有两类：一是破除或者改革原有的，这类不会脱离原来的；二是重新建立的，凭空产生的，所谓的凭空产生并不是完全不切实际，只是之前人们还没有意识或者发现的，这种情况就需要丰富的想象力。

通常想象力需要天赋和灵感，或者是对一些尚未被发现的自然规律或真理的突破。多数情况下，想象无法变成现实，但是在求证想象的过程中常常会涌现出大量的成果。想象中绝大部分被证实是谬论，但是哪怕很小的一部分是有效的，都将给人类社会的发展带来不可思议的进步和飞跃。模仿仅仅只是量的积累，是创新不足情况下的权宜之计，要达到质的变化非常艰难，永远只能落后于创新者。实践是创新的必经之路，但是如果不能与想象结合，就只能墨守成规，按部就班。新发明新创造往往需要经过成千上万次的试验，或者需要长期的实践检验，甚至需要付出巨大的代价才能被创造。

实际上，创新能力并不等于知识多。一些科学家，如牛顿、爱因斯坦，他们的成果都出在二三十岁。这时候他们的知识并不多，只有一些必要的基础知识，他们获得成功是因为他们的思维特别活跃。创新能力最本质的要素，恰好是我们长期以来所忽略的想象力。其实，任何小创新，包括基层岗位上的小创新，都离不开想象力。倘若没有想象力，那么一切旧有的观念和眼前的表象都无法被打破，自然也就不可能实现创新。

二、敢想更要会想

既然想象力是实现创新的重要基础，那么只要发挥自己的想象力就能找到创新的契机，并实现创新吗？当然不是。创新本身有着严谨的科学性，如果只是漫无目的的想象，那么非但不能实现创新，反而有可能适得其反。要想充分开发、利用自己的想象力，不但要敢"想"，更要会"想"，只有给自己的想象力指明方向，让它朝着正确的路径发展，才能为发现创新契机并实现创新提供基础。

科学家经过研究发现，只要多进行图形图像方面的思维训练，就可以增强人右脑的能力。一旦右脑的图像信息处理能力被开发出来，人的创新思维能力就会增强。所以，要养成自己通过图形图像思考的习惯。创新性思维机制的"创新思维导图"对培养自己的创新思维能力有帮助，尤其是想象力。

制作者通过创新思维导图可以一次性看到很多因素，进而使其创造性联想和高度集中的可能性增大。在实现目标时，制作者会激发源源不断的精神思维，游离于思想边际、平日深埋不出的想法被大脑捕捉，加强和巩固了沉思过程，使生成新想法的可能性增大，令人轻松欢快，充满诙谐幽默。

那么，如何来制作具有实用性的思维导图呢？

通常来说，常用的思维导图有 8 种模式，如图 4-8 所示。

图 4-8　常用思维导图的 8 种模式

1. 圆圈图

圆圈图主要是通过提供相关信息来展示与该主题联系的先前知识，利用词语、数字、图标或者其他标志来表示我们所想要理解的事物，圆圈周围写下或画出与主题有关的内容。

2. 气泡图

气泡图主要是通过形容词或形容词性短语来形容创新特质。与圆圈图不同，气泡图的作用主要是增强利用形容词描述创新特点的能力，从而提升自己对创新本质的正确认知能力。中心圆圈内是描述的主体，外围圆圈则是描述性的形容词或短语。

3. 双气泡图

双气泡图主要用来进行对比。被比较的事物放在两个中心圆圈里，外面分别连接的圆圈内展示两个被比较的术语之间的不同之处，中间共同连接的圆圈内体现两个术语通过对比的相同之处。

4. 树形图

树形图主要对创新中的具体事物进行分组，最上边写下被分类事物的称号，下边写出下次分级分类的种类，以此类推。

5. 括号图

括号图主要用来理解、阐明创新整体与部分之间的联系。括号左边代表创新主体工作的名称或图像，括号里面展现创新主体工作的重要组成部分。帮助创新者理解一个创新过程整体与其每个部分之间的联系。

6. 流程图

流程图有列举顺序、时间过程、步骤等作用，还可以分析创新工作发展过程之间的联系，阐明工作处理的顺序。大方框内代表每一过程，小方框内则可以写该过程的子过程。

7. 复流程图

复流程图可以用来体现和分析因果关系。中心方框代表重要创新工作，左边代表重要创新工作内容的缘由，右边代表工作完成后的效果。这是一个循序渐进的过程，并且能够看到创新工作过程中的缘由和效果，通过考虑原因和结果帮助创新者分析为什么把某些工作安排在不同的优先级别，结果是什么。

8. 桥型图

桥型图主要用来进行类比、类推。桥型图左边横线的上边和下边写下具有相关性的创新内容。根据这种相关性，在桥型图的右边依次写下具有类似相关性的内容，以能够形成类比。

灵活利用这 8 种思维导图，就能够在发挥想象力、寻找创新机会和完成创新工作的过程中，让自己的想象力按照既定的轨道前进，避免了由于想象思维的不受控而在创新道路上走弯路、错路。思维导图能够让想象力在创新过程中发挥最大的正向作用，帮助人们实现一个又一个小创新，直至完成更宏大的创新目标。

三、活学活用，发散性思维

发散性思维是指人在解决问题的思维过程中，对某一问题的解决，要求产生多种可能的解决方法，而不是单一方法的思维方式，这是思维导图中一种十分重要的思维形式。

发散性思维的好坏，标志着一个人智力水平的高低。因此，培养和锻炼自己的发散性思维，就是提高自己智力的过程。用多种不同方法解决问题的发散性思维还是一种能力，这种能力有助于我们在遇到困难的时候随时调整自己的思维模式来实现创新，寻找解决困难或是提升工作效率、质量的新方法。

当然，要想培养出自己这种用多种方法解决问题的能力并不是一件容易的事情，这需要我们在平时的工作中不断锻炼自己，强化让自己拥有这种能力的思维模式。养成对每一个问题都思考多种解决方法的好习惯并不停地去实践这些不同的方法，最终找到最合适自身使用的那一种。而要想让这种训练真正起到作用，还要在实践过程中注意以下一些问题，如图4-9所示。

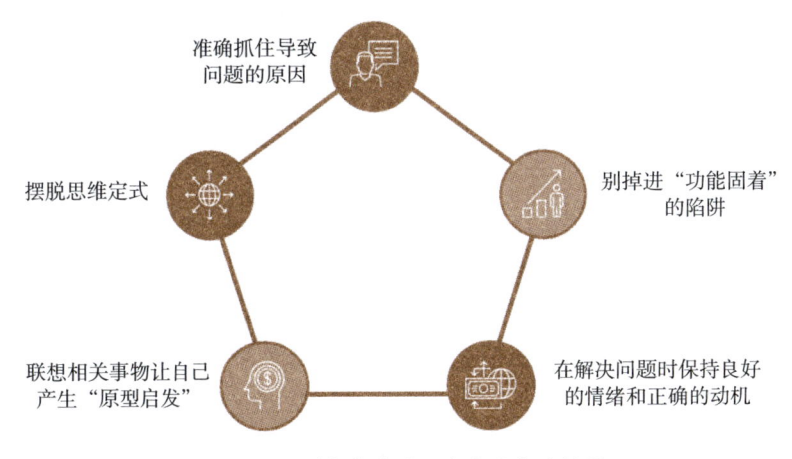

图 4-9 创新实践过程中应注意的问题

1. 准确抓住导致问题的原因

如果没有找到问题的根源，我们往往会觉得问题发生得无法理解，自然也就无法解决。比如，突然发现在做经常做的工作中遇到了从未出现的阻碍，这时应该及时去探究造成这种变化的原因。而如果不先探究原因，直接想要解决问题，那么往往就不能保证自己所使用的方法在方向上是正确的，这无疑将投入更多精力和时间，造成工作效率低下。

2. 摆脱思维定式

思维定式是重复固有的心理过程所引起的对动作的预备状态。这种影响就像一把双刃剑。例如，著名的羊群实验，讲的是把一根杆放在羊群前面，羊要出来必须跨过这根栏杆。我们把栏杆拿走后，会发现后面的羊走过那个杆所在位置时，也是跳着过去的。羊群身上有这样的思维定式，我们在处理工作问题时也会犯这样的错误。因此，在遇到挑战的时候要突破原有的思维方式，学会利用新的方法去观察和讨论，这样有希望找到更好的解决办法，从而使工作中的困难迎刃而解。

3. 别掉进"功能固着"的陷阱

"功能固着"是在看到某个方法的一种惯常用途后很难看出它的其他用途，这样在遇到新的情景时，简单的问题就可能会变得复杂。例如，我们看到箱子，通常觉得它的作用是装东西，但猩猩却把它放在脚下当凳子去摘香蕉，假如它也只把箱子用来装东西，那香蕉它是不可能吃到的。局限于固有的观点、角度，就等于固步自封，我们需要改变一些工具和方法的固着功能，这样可以让你更方便地适应工作中的新挑战。

4. 联想相关事物让自己产生"原型启发"

在我们的工作中，很多看似截然不同的问题其解决方法实际上是相通的，就像鲁班因为带锯齿叶子的草割破自己的手发明了锯。瓦特因为茶壶盖被蒸汽顶起来，发明了蒸汽机。我们可以通过发现这些问题的相似之处和共同点，通过联想"发明"新的方法解决问题。这种联想的思维是创造性思维的延伸，因此在工作中只要多培养自己的创造性思维，培养自己联系、发现事物相似性和共同点的技巧，就能得到更好的解决问题的途径。

5. 在解决问题时保持良好的情绪和正确的动机

经常会听到身边有人在遇到困难无法解决时说："问题来得太突然了，我头脑一片空白，什么都想不起来了。"而当过段时间后回忆起之前的问题，灵感一下子就涌现了，后悔一开始自己采用的解决问题的方式并不是最好的。这其实是一种情绪在作祟，又叫"紧张"，也可以说惊恐、紧张、烦躁、压抑等负面情绪会在某种程度上误导对问题的分析。所以，不管问题多么严重，一定要以平和乐观的心态面对。

四、相似比较达到类比联想

"类比思维"方法适用于解决陌生问题，它是一种常用思维导图策略。它会让我们充分打开自己的思路，利用已有的知识、经验把陌生的问题和已经解决了的熟悉的问题进行类比，从而快速解决陌生问题。

英国培根有这样一句名言："类比联想支配发明。"他将类比思维和联想联系起来，没有联想就没有类比推理，不管是找寻创造目标，还是找寻解决的方式都必须有联想的作用。而要想更好地掌握类比联想的方法需要采用一种被称为"移植法"的思维技巧。移植法是将一个领域的原理、技术、方法，引用到其他领域，用来改造和创造新的事物。从创新方面看，移植法就是一种侧向创新思维方法。针对不同问题，"移植法"通常采用以下四种方式来运用，如图4-10所示。

图4-10 "移植法"常用的四种方式

1. 原理移植

理论和技术，虽然领域不同，但总可以找到一些共同的基本原理。所以，可按照不同的要求和目的做移植创新。比如说，红外辐射是一种很简单的物理过程，将这个原理运用到别的领域，就会产生惊奇的成果：红外线探测、遥感、诊断、治疗、夜视、测距等；在军事领域有红外线自主引导的"响尾蛇"导弹，装着红外瞄准器的枪械、火炮和坦克，红外扫描及红外伪装，等等。

2. 方法移植

笛卡尔是科学方法移植的先驱，他在17世纪时凭借丰富的想象力，想象着曲线上"点的运动"，把代数方法移植于几何领域，把代数、几何结合在一起得出解析几何；美国阿波罗11号飞船所使用的"月球轨道指令舱"与"登月舱"分离方法，移植于巨轮不能泊岸时所使用的驳船靠岸法；现代管理方法中的行为学派是将心理学原理移植到企业的管理方法中形成的，科学研究中常用的方法，如观察法、归纳法、直接法等可以直接移植到技术创新当中。

3. 回踩移植

回顾历史，可以发现，许多被废弃的"陈旧"技术，只要赋予其现代技术并加以改造，往往会发生"奇迹"。如帆船是古代船舶的象征，但其又重新出现在 20 世纪 80 年代。截至目前，东西方竟有 20 多个国家成立了"风帆研究所"。现代风帆是计算机设计的，具有最佳采风性能和推进性能。其制作材料已从尼龙发展到铝合金，帆的操作控制也是自动化的。所以现代帆船并非"扁舟孤帆"，有些帆船速度甚至可与快艇相媲美，加上节能、安全、无噪声、无污染等独特优点，更受人们青睐。

4. 功能移植

功能移植，指把诸如超导技术、超声波技术、激光技术、生物工程技术及其他信息、控制、材料等一系列通用技术所具有的某些技术功能，以各自形式应用于其他领域。例如，采用液压技术可以较好地解决远距离传动的问题，且机构简化、操作方便；电子计算机的应用则使机械加工更加程序化、自动化；在自然界，河川中夹杂着有机物质的净化细菌，有机物经净化细菌消化后变成水和一氧化碳。环保专家们建议将此功能移植于废水处理——引进净化细菌并使其大量繁殖，借此达到去污的目的，这也是目前污水处理的活性污泥处理法。

五、由表及里实现纵向联想

所谓纵向联想，是指在一种结构范围内，按照有顺序的、可预测的程式化的方向进行的思维导图形式，这是一种符合事物发展方向和人类认识习惯的思维方式，遵循由低到高、由浅到深、由始到终等顺序，因而清晰明了，合乎逻辑。而与之相对的横向思维，是指突破问题的结构范围，从其他领域的事物、事实中得到启示而产生新设想的思维方式，它不一定是有顺序的，同时也不能预测。相比于横向联想，纵向联想在创新工作中主要有以下特点，如图 4-11 所示。

图 4-11 纵向联想在创新工作中的特点

1. 由轴线贯串的思维进程

当我们对事物做纵向思维时，一般会抓住事物的不同发展时段所具有的特点进行考量、对比、分析。事物会表现出产生连续的动态变化特性，然而所有时段都会由其本质轴线贯串始终。比如，人类历史是由人类的不同发展阶段贯穿而成。这也是最常见的时间轴。尤其是在各种各样的特项研究中，轴的概念类型就非常丰富，如物理研究中，温度轴贯穿了水在不同温度下表现的物理特性。

2. 清晰的等级、层次、阶段性

纵向思维主要考察事物背景参数从量变到质变的特点，可以准确把握临界值，清晰界定事物的每个发展时段。

3. 良好的稳定性

运用纵向思维，人们将会在给定条件下做一种沉浸式的思考，思路明确、连续，不会轻易受到干扰，达到阈值就会实现质的飞越。

4. 目标性、方向性明确

纵向思维有清晰的目标，执行时好比导弹根据设定的参数锁定目标样，直到运行条件不满足才会终止。假如条件满足就一发不可收，大量的创新理念将从脑海中涌出。

5. 强烈的风格化特点

纵向思维由于自身具有的各种专精特性，导致该思维具备特别明显的缜密性、自立性，个性鲜明，很难得到效仿沿用。这种纵向思维较好的人，在性情方面显得泾渭分明，甚至格格不入。很多专家都是这种性格，他们也造就了那些惊动世人的伟大创新。

第三节　小革新源于打破思维枷锁

革新就是突破固有模式创造全新模式的过程。在这一过程中，只有不断突破自己的思维枷锁，不断去尝试打破常规，基层职工才能在工作中实现一个又一个小革新，最终迎来大变革。

一、突破路径依赖才能实现小革新

其实很多时候，人们之所以无法在工作中实现一些小创新，并非我们缺乏想象力，更不是因为智商不够。在很多情况下，人们在进行工作中那些看似平常、每天重复的机械性环节时，甚至连思考的过程都没有，根本不去想应该怎样做，而是按照自己习惯性的方法或是以往的经验直接就开始了行动，这就是行动上的"路径依赖"。"路径依赖"隐藏在日常工作习惯里，就像是计算机中安装的固有程序一样。然而在工作过程中，按照"经验"是很难有所创新的。要想真正实现创新，让自己打破"路径依赖"的束缚，必须遵循科学的方法，如图4-12所示。

- 打破"路径依赖"的关键在于打破思维定式
- 解放思想、更新观念，摆脱固有"规则"对思维的禁锢
- 独立思考、坚持己见，学会抵御外界干扰
- 保持自信、永不言败
- 别被别人失败的"经验"吓倒

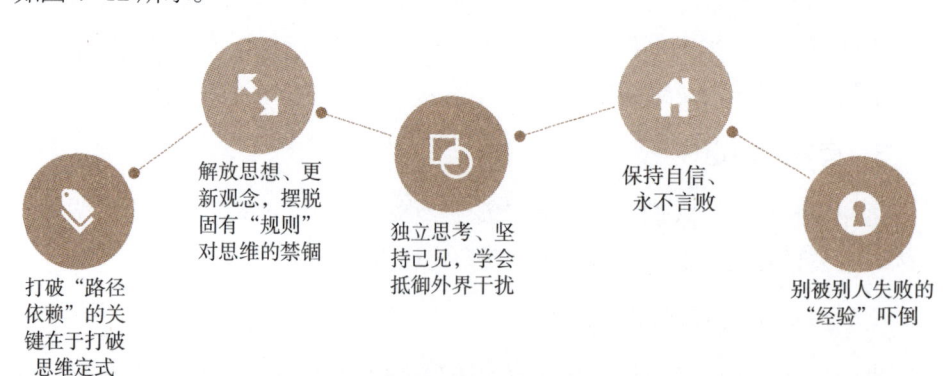

图4-12　突破路径依赖的科学方法

1. 打破"路径依赖"的关键在于打破思维定式

思维定式是指我们每个人在日常工作与生活当中会由于经验的积累而慢慢养成固化不变、习惯性模式的思维方式。这种思维方式是一把双刃剑，它虽然能够帮助我们以常规的方式较快解决问题，但根本上却遏制了追求创新的动力。美国著名企业家福特曾经说过："人总要受沿袭已久的陈规旧习的支配，这在生活中是允许的，但在企业中是必须排除的恶习。"这句名言说明只有冲破思维定式的束缚才能实现追求创新的目标。

要想打破思维定式，必须学会在创新工作中多用几种角度去看待问题，多尝试几种方式去解决问题。思维定式就是在这种一次次不同的尝试之中被打破的。比如，在创新过程中遇到一个问题，只用一种方式去解决它，那么我们就会认为只有通过这种方式才能最好地解决这一问题；而如果从一开始就多尝试几种方式，很可能就能够通过比较找到更优方法，从而摆脱"路径依赖"，实现创新。

2. 解放思想、更新观念，摆脱固有"规则"对思维的禁锢

在创新工作中，学习前人的经验教训能够让人少走弯路，能够让人便捷地找到解决许多固有问题的方法。然而，如果一味笃信固有的"规则"所形成的观念，我们就将很难突破自己的思维局限，也很难实现真正的创新。每个人都应该不断地告诫自己，前人的经验和"规则"固然值得学习，然而必须从客观的角度去对这些经验与"规则"进行分析，看它们到底适不适合现如今的需求。只是一味照猫画虎式地去照搬前人的经验与"规则"而不加入自己的思考，其思想很可能就会被这些固有观念禁锢，无法实现创新。企业中的每个职工，都应该将自己的思想解放出来，要不断更新自己的观念，让它们更符合自己创新过程中的需求，做到利用"规则"但不被"规则"所束缚。

3. 独立思考、坚持己见，学会抵御外界干扰

每一种创新在从想法转变为现实的过程中，都免不了会受到外界的干扰。例如，有些人认为我们的创新思维太过荒诞根本不可能实现；而有些人可能对这种坚持创新的精神并不理解，认为即便使用原有的方法也没什么不好；还有些人可能出于好意总是"出谋划策"，但这些计策却并不一定是正确的。如果受到了这些外界的干扰，很可能会在打破"规则"时产生犹豫，甚至在创新的过程中半途而废。

要想让自己具有真正的创新精神，突破"规则"的束缚，在工作中实现创新，那么就必须学会抵御这些外界干扰，学会独立思考，坚持己见。要明白，很多他人的说辞并不一定是正确的，如果坚信自己的理念是经过科学分析和实践证明的，是具有很大可行性的，那么就一定要坚持己见，力排众议。在创新工作的过程中所表现出的行为，其实很多都超出了不少人的理解范畴，因此，遭受不理解和非议是再正常不过的。我们可以在创新的过程中去与其他同事讨论，征询他人的意见，但是要对这些意见进行分析，去其糟粕取其精华，帮助自己更好地实现创新。

4. 保持自信、永不言败

在创新的道路上没有人能一次都不摔倒，对于每个不断尝试创新、不断用创新给工作带来突破的职工来说，他们都在做一件大部分人从没做过的事情，都是"第一个尝试吃螃蟹的人"，因此，遭遇失败是必然会发生的事情。如果经历失败就认为自己的尝试是错误的，自己创新的思路是错误的，那么在创新的这条道路上将永远看不到成功的曙光。

从哪里跌倒就在哪里爬起来，要坚信自己一定能够成功实现创新。通过对失败的总结，你能够得到许多有用的经验，调整自己创新工作的方法或方向，让自己离成功实现创新又近一步。古往今来，哪个走在创新路上的人没有经历过失败？尤其是那些给整个时代带来巨大变革的顶尖创新人才，更是承受了比常人更多的失败。然而他们之所以最终获得成功，就是因为始终保持着自信，永不言败。

5. 别被别人失败的"经验"吓倒

有些时候有的职工之所以不敢去创新，不敢突破固有的工作模式，其实是因为他们看到了别人这样做后失败的惨痛经历。然而实际上，这种恐惧与担忧是没有意义的。创新的过程往往都要经历失败，即便使用别的方法在别处进行创新，也不可避免地可能会经历失败。他人的失败有着其自身的诸多原因，同样的情况放在自己身上也许就不一样了。

二、跳出思维定式

很多人可能都有过这样的体验，当自己在工作中形成一套固有的工作模式或是依靠前人的经验总结出行之有效的工作方法后，往往就不愿意再尝试新思路，无论遇到什么情况，哪怕是市场和客户的需求已经改变，我们也依旧会按照固有的思维去完成产品生产工作，从而使自己难以在岗位上实现创新。

这其实就是思维定式效应。定式效应是指思考者对某个问题的认识，或利用某种方法解决问题时，形成一定程度上固定的、僵化的模式而不求新的突破。这一问题是很多基层职工缺乏创新能力和创新精神甚至连任何一个小创新都实现不了的罪魁祸首。究竟怎样才能打开这道思维的枷锁呢？如图4-13所示。

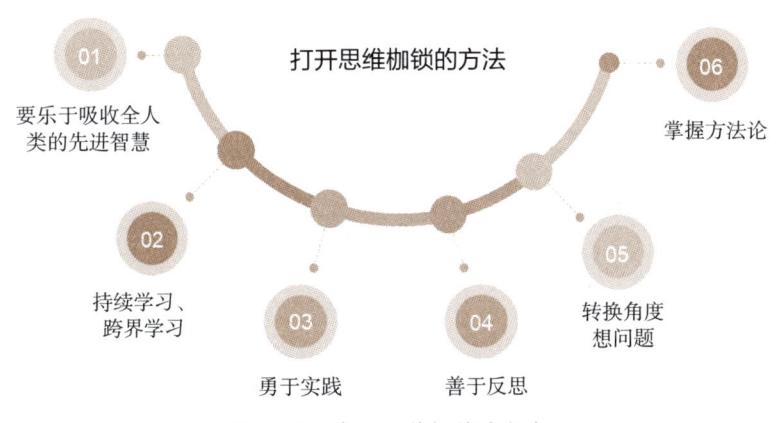

图 4-13 打开思维枷锁的方法

1. 要乐于吸收全人类的先进智慧

不论哪个国家、哪个民族都有优秀的思想、智慧，欧美、非洲国家都拥有极其有智慧的人和优秀的创新者。对每个人来讲，只要是好的、对自己有利的就要学，千万不能设限。在自己的工作单位内，很多岗位上的创新者也都有其值得学习的东西，我们也应该尽可能去向他人"取经"，从而弥补自己的不足。

2. 持续学习、跨界学习

现在知识贬值很快，新的知识出现得也越来越快。为此，持续学习、跨界学习变得越来越重要。要学到新思想就不能停下学习的脚步，要去与其他创新者多沟通交流，从而得出不一样角度的观点。经常与思维活跃、思想开放的人在一起交流，不仅会学到新的知识，也会获得启示和感悟，从而产生新的思想。

学习还要跨界，我们在岗位上所掌握的所谓专业知识可能已经远远不能满足创新对多方面综合素质的要求。要学会去掌握自己岗位涉及面以外的知识和技能，让自己成为具有全面综合素质的创新型人才。

3. 勇于实践

实践出真知。要不断拥有新思想，就要不断实践，在创新实践中会遇到很多新问题，有了新问题，就会引发思考，从而形成新想法，锻炼创新思维。

4. 善于反思

学习也好，工作也好，要产生创造性的思维，养成常常能反思的习惯必不可少。有些事做成了，有些事没做成，都要反思，能"复盘"（复盘，围棋术语，指对局完毕后，复演该盘棋的记录，以检查对局中招法的优势与得失关键），反思、复盘都能帮助产生新的想法，总结提炼出新的思想。

5. 转换角度想问题

如果习惯固定的思考模式，使工作成为机械化的程序，其结果只能是复杂了生活和心情。而这种习惯越多，人的个性也越萎缩，从而逐渐失去创新的想法和动力。为此，要摆脱固有思维模式，换个角度来考虑问题。在创新工作中，要从自身的逻辑出发，学会变通进取，换一种立场看问题，从失败和挫折中不断总结经验，这样才能产生创造性的变化。

6. 掌握方法论

要养成好的思维，产生好的思想，也需要掌握一定的方法论，比如，学习"六顶思考帽""水平思考""黄金圈理论"，就可以帮助我们掌握思维技巧。

三、万事皆有可能

创新实际上就是一个不断面对失败、不断跌倒再爬起来继续前行的过程。相比那些宏大的创新，在基层岗位上实现小创新的过程可能不算是最艰辛的，然而很多人之所以无法实现，根源就在于还没有面临真正的挫折和失败时，就总是对自己说"我做不到"，最终被自己击倒。相比被挫折击倒，这可能才是真正的失败。

一个人只有在工作中只对自己说"我做得到"时，才算是站上了实现创新的起跑线，然后思考的问题才是如何跑得更快。当然，要想改变现状，不再对自己说"我做不到"，需要对困难有心理预期，并且做到以下建议。如图4-14所示。

1　要正视创新过程中的起起落落

2　别再把"没天赋"当借口

3　从做好小事开始积累"做得到"的资本

图 4-14　面对创新困难的心理预期建议

1. 要正视创新过程中的起起落落

人生总会有高低起伏，创新的过程也不例外。看看那些成功的创新者，他们有谁没经历过创新过程中的挫折与低谷？没有人能在一项极具开拓性的创新工作中一帆风顺，能实现创新的都是坚持下来的。无论是坎坷还是平坦，只要自己像每一个坚持在创新道路上前行的实践者那样坚持走，告诉自己"能做得到"，就有极大的机会创造创新成果，实现创新梦想。

2. 别再把"没天赋"当借口

很多人之所以总是在创新工作中认为自己做不到某些事情，导致半途而废的情况发生，根源就在于总是用"没天赋"作为借口。其实这样的想法在基层创新者群体中并不少见，很多人都会觉得自己并不是天赋异禀的"天选之子"，理应做不到创新这种高难度的事情，干脆放弃调动自己的积极性与能动性。而现实是，我们之所以做不到是因为努力得还不够，绝非因为没有天赋。大部分人在工作中努力的程度之低，根本就轮不到拼天赋。所以，别再把"没天赋"当借口，当自己努力到有资格去"拼天赋"时，就会发现自己的天赋原来就是努力与没有不可能的信念。

3. 从做好小事开始积累"做得到"的资本

不要看不起工作中的"小事情"，工作本就是一件件琐碎事情的集合，我们坚持做好工作中的每件事就是在为自己积累能做到任何事的资本。如果除了做好自己的本职工作外,还能将创新工作中的每一小步都走好,会怎样呢?结果不言而喻。电视剧《士兵突击》中有句台词:他做的每件小事就好像抓住一棵救命稻草一样,到最后才发现,他抱住的已经是参天大树。

四、逆向思维看世界

逆向思维同时也叫作求异思维,这种思维与传统思维不同的是从根本上否定似乎变为"真理"的事情与看法,用截然相反的思考方式对问题进行探讨,"反其道而思之",建立一种新思维和新途径来解决问题。

当然,能够对创新起到推动作用的逆向思维并非只是简单的反过来思考问题,它需要我们掌握科学的方法,才能让逆向思维发挥自己希望的作用,真正帮助你在工作中实现创新,如图 4-15 所示。

图 4-15 逆向思维的三种方法

1. 反转型逆向思维法

反转型逆向思维法的概念是否定已有的事物观念,从截然相反的角度去思考,一般思维是通过事物和观念的特性、构造来研究因果关系,而反转型逆向思维法是从因果关系入手,得到事物观念的构造和特性。这种思维所诞生的产物有很多,比如市面上的无烟煎鱼锅就是改变热源在锅的上下位置来达到无烟效果,这说明反转型逆向思维法对于日常生活中的创新有重要的作用。

2. 转换型逆向思维法

转换型逆向思维法的含义是指在对问题进行思考时,如果常规的思考方式不能解决问题,那就需要转变一种思维方式,从不同的角度和途径去解决问题。这种思维方式在中国古代的司马光砸缸的故事中就得以显现，当时司马光由于年龄较小，不可能通过爬进水缸中达到救人的目的，转换型逆向思维法的应用让司马光灵机一动，用打破水缸的方式到达救人的目的，这也说明了转换型逆向思维法对于解决问题的重要性。

3. 缺点逆向思维法

缺点逆向思维法与传统思维最大不同是通过探究事物本身的不足，从不同的角度去考虑，达到化弊为利的效果。曾经有一位心理学家在画板上画了一个点，让测试者发挥自己想象描述看到了什么，大多数人都围绕着这个点发散想象，但最后心理学家却说他看到了这个点以外的世界。现实生活中我们往往会讨厌缺点，但有些时候通过缺点我们可以得到更广阔的未来，这就是缺点逆向思维的魅力所在。

五、培养极简思维

为什么有人不用加班也能高效完成工作，有人却不得不熬到深夜？为什么有人总觉得事情永远都做不完，有人却仿佛无事一身轻？面对如今高节奏和过于复杂的基层工作，有些人忙得焦头烂额依然无法适应，有些人非但轻松自如，还能抽出时间在复杂的工作中发现创新契机，做出不少有价值的小发明、小创造。

不过极简思维可不是用"简单暴力"的直接方法去解决任何问题，而是需要找到最直接的思维路径，极简思维并非无须思考，而是不"乱思考"。极简思维的六种思维方式如图 4-16 所示。

图 4-16 极简思维的六种思维方式

通过以上六种思维方式，无数需要思考的创新问题，一下子就变得清晰且容易解决。通过这种极简思维，我们能在创新过程中让自己的思维刀刀切中要害，避免时间、精力的无意义浪费，把注意力都集中在那些能够影响你的小发明、小创造的关键问题上，从而简化了思维的过程。

第四节　小创造优化完善创新方法

再小的发明创造也需要科学、合理的创新方法。方法不得当，再努力也只能是徒劳。只有学会优化创新方法，基层职工才能在正确的方法指导下在创新道路上少走弯路、错路，朝着正确的创新目标不断前行。

一、秉承科学精神，实现发明创造

说了那么多关于"五小"创新的事情，相信你可能已经跃跃欲试想要在岗位上努力实现属于自己的小创新。不过，创新要想真正具有正向意义，那么它首先必须遵循科学精神。只有蕴含科学精神的创新，才能真正具有价值，推动职工自身工作和企业整体发展。

科学精神主要体现在修养上。修养依靠陶冶体验，是实践的积累。不同行业的修养有不同特点。对于科学行业的修养特点，主要有以下两点，如图4-17所示。

01　现代科学是一个艰辛的"试错"过程

02　现代科技在推动社会进步的同时创造巨大社会财富，而作为这链条始端的自然科学却不以任何实际功利为目的

图 4-17　科学行业的修养特点

1. 现代科学是一个艰辛的"试错"过程

面对深层次认知于创造的挑战，科学精神的修养实质上就是"知错—改错"。王绶琯老先生的这句名言就是对现代科学的总结。在科学研究道路上不害怕犯错，而是在每一次错误中进行总结升华，做到不重复犯错，这在几千年的儒学思想中也得以显现。成功往往会出现在一次微不起眼的小错误背后，这就说明只要我们怀着"不以物喜，不以己悲"的心态去坚持，培养敢于犯错的魄力，成功女神终会眷恋。

2. 现代科技在推动社会进步的同时创造巨大社会财富，而作为这链条始端的自然科学却不以任何实际功利为目的

这对于科学研究者是一把双刃剑，在科研道路和巨大财富的抉择中可能会让我们失去本心，要想"求真"到底，就需要我们能够抵御重重阻碍，这就需要强大的精神力量，而关于精神力量的锻炼我国的传统文化早就颇有建树。

秉承科学精神，我们在完成创新、实现小创造的过程中才能将"符合企业、大众利益"放在首位，才能让我们的创新目标升华，而不仅仅是赚取一些蝇头小利，满足于自己的创新现状。

二、缺点列举寻找创新契机

如果要问在怎样的工作中有最多的创新契机，那么无疑就是存在瑕疵、漏洞和缺陷的工作。因为这些工作需要改进，尚有很大改进空间，有缺陷证明了在这些工作上的方法还需要改进，创新机会其实就在这里。缺点列举法就是通过发现事物的不足与缺点，然后将其一一列举，而后找出改进的重点，提出新的设计方案。应用缺点列举法进行创造发明的要领如图4-18所示。

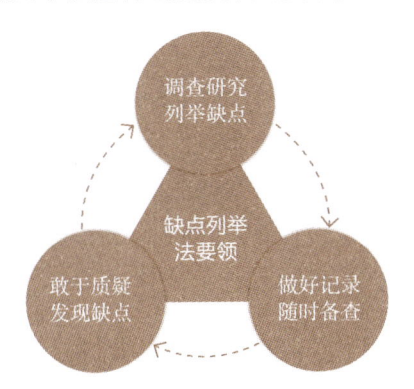

图 4-18　缺点列举法创造发明的三要领

1. 敢于质疑，发现缺点

人类的本性包含着惰性，在经过漫长的时间后我们的思维已经逐渐定式，许多事物在我们眼里已经成为理所应当的存在，即便存在着些许不足，惰性也让我们克服不足，而不是选择创新。

倘若不是在实践中遇到了小铁铲上这些细微的缺点并敢于质疑，相信很少有人注意到这里面也有创新的契机，很可能就会忽略它，与创新机会擦肩而过。

2. 调查研究，列举缺点

对于企业生产的所有产品，我们不可能全部使用过，只有真正使用过这件产品，才能对产品的优缺点进行评价。所以在寻求创新的时候，要对那些使用者进行调研，只有亲身体验之后，才能一针见血地寻找到创新点。

既然不可能完全了解自己工作和产品上的缺点，那么我们就要多听、多问，进行调查研究，并把他人认为的缺点列举出来，作为自己找到创新机会的参考。

3. 做好记录，随时备查

如果只是发现了缺点，并不代表着就产生了创新，而是一个厚积薄发的过程，直到某一天的灵感促使我们有创新的想法，这个过程就说明了积累的重要性，而积累最直接的方式就是做好记录，好记性不如烂笔头，这句古话流传至今足以证明自身的真理性。同时每一个小的记录都是一个创新的胚芽，记录积累一段时间之后就变成了多维创新方式的基础，记录越多，创新的途径就越广，产生创新的可能性就更大。

三、尝试组合法，重新组合再创造

组合型创新技法是运用创新的思维方式将多个事物融合成一个新兴产物，这个产物的服务特性和功能较为全面，对我们有着新的价值和意义。以产品创新为例，可根据市场需求分析比较，得到有创新性的新技术产物的过程，包括功能组合、材料组合、原理组合等。把两个现有的事物进行创意组合，就实现了一种极其优秀的创造，这就是组合创造的魅力所在。不过，组合创造可不是简简单单地将两种事物罗列在一起，它也要遵循科学的方法，根据不同事物间的联系，采用不同的思路将它们结合在一起，如图4-19所示。

图4-19 组合创造的五种科学方法

1. 主体附加法

主体附加法是在某件事物为载体的基础上，增加另一附加事物来达到组合创新目的的技法。该技法是一种较为基础的组合创新法，只需稍加思考就可以实现组合创新，虽然简单，但主体附加法所带来的收益和成效却是巨大的。

2. 异类组合法

异类组合法是指将两种或两种以上差异性种类的事物进行组合，得到一个新事物的技法。

3. 同物自组法

将两件或两件以上具有相同特性的事物进行组合，以此来达到创新目的的技法叫作同物自组法。该技法实现创新的途径是运用数量的增加来补足单个事物价值的匮乏性，实现新的需求价值。

4. 重组组合法

每个事物都是由具有顺序关系的若干要素所构成，该若干因素是实现事物整体功能必不可少的前提。在对事物进行排列组合的同时，要考虑到研究事物的现有结构特点以及研究是否可以通过重组解决现有事物的缺点，然后再确定重组的方式。

5. 信息交合法

信息交合理论的运用创造出一套信息交合法，叫作信息交合法，它包括了两个基本原理：

（1）不同信息交合产生新的信息；

（2）不同联系交合产生新联系。

有了这两个原理，我们可以在有限的信息和联系基础上得到更广的信息和联系，从而达到创新的目的。

四、灵活运用水平思考实现突破创新

日常工作当中我们常规的思考习惯往往具有一定的局限性，水平思考可以打破这些局限性，通过考虑多种可能性的选择，提出的解决方案可以以独特的角度探讨价值重整、理念突破、重新定位和模式创新等问题。水平思考是通过较为特殊的角度，集中观察常规逻辑所忽略的部分，得到解决问题的办法。

水平思考具有严谨的流程，在确定的方向上锲而不舍地进行创造，包含四个步骤，如图 4-20 所示。

图 4-20　运用水平思考的主要步骤

1. 选择和定义问题焦点

找到方向比努力奋斗更为重要，要想解决一个问题，首先就要确定思考的起点和重点，这就要求我们找到思考的方向，水平思考所定义的"焦点"就是问题的关键点，在努力解决问题的过程中，我们会步入许多歧途，这时我们就要时时刻刻提醒自己的"焦点"，指示自己思考的方向，就能够从一而终地解决问题。

2. 运用水平思考想出各种主意

人类的大脑每天都在源源不断地产生新的想法，但好多新奇的点子都被经验主义所否决，所以运用水平思考的四大工具可以帮助我们打破传统思想的束缚，分别是"概念提取""挑战""随机输入"和"激发和移动"。我们可以灵活运用这四种工具，将这些工具排列组合起来可以创造出更多的办法来作为我们解决问题的"知识库"，为下一步的筛选做好备用工作。

3. 收获、加工和处理

在水平思考所得到的"知识库"当中，我们可以根据办法的可行性进行类别划分，将可以具体实施的进行验证，只具有初步思考的雏形办法要进一步完善达到要求并实施。

4. 选择最佳方案

在经历了以上三个步骤之后，我们已经得到了最接近需求的几个方案，这时就需要择优选用，从方案的成本、资源、可行性、需求等方面综合考虑，得到符合我们最终要求的最终方案。

五、带着思考去工作

工作就是丰富自我，展现自我，升华自我，需要大家为做事注入灵魂。假如只是把工作视为一种糊口的形式，把其当作一种负担，对于自己的工作报以应付差事的态度，那么不仅仅是工作上的损失，还有精神上的损失。随着新经济时代的来临，员工按部就班完成自己工作，仅仅停留在维护企业利益的目标上已远远不够。发挥思考在工作中的作用，持续转变固有的思考模式与理念，才会实现工作创新，才可以通过小创造发掘自身潜在的能量与智慧，丰富自我，促进企业与自我发展，如图 4-21 所示。

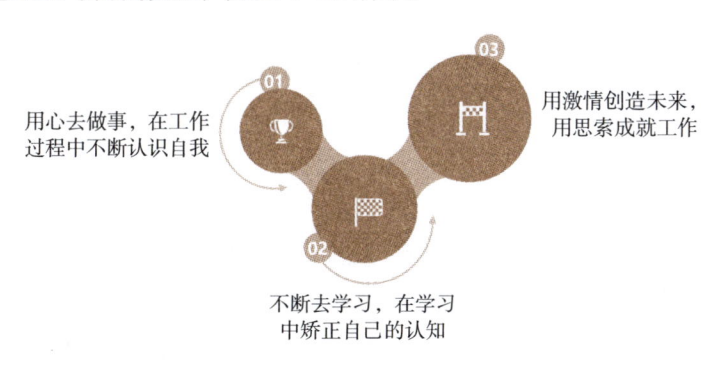

图 4-21 挖掘指挥和潜力的方式

1. 用心去做事，在工作过程中不断认识自我

回想从学校毕业进入企业，也许一切还算顺利，想来可以衣食无忧，能在社会上生存下去了。于是精神上也就慢慢懈怠了，激情已没，雄心已逝，因而很多人不知不觉在工作的十几年里一无所获。

工作是一个体现人生价值的行为，在工作中发现自己的使命，并努力挖掘自身的价值，才能明白工作的意义所在。人们的思考和观念，既来自日常的思维，又需要交流和历练，沟通和交流也会使人产生更多的想法。我们应在工作生活中不断训练和深化自己的创新思维，充实自己的思维。在日常工作中，要注意不断地交流，从不同的角度去审视岗位，审视工作，这样我们的思考才会变得丰富，才会正确反映客观事物的本质，从而产生更多的、切合实际的思考，才会形成有效的工作思路和方法。

2. 不断去学习，在学习中矫正自己的认知

在这个知识与科技发展一日千里的时代，随着知识、技能的折旧越来越快，不通过学习、培训进行技能更新，适应力就会越来越差。我们要时刻记住，迫切需要改变的是自己。每天的日常工作很多都是烦琐的事情，但是，当我们真正将它们尽力完成好，依然会获得成就感。但局限于知识面，我们在工作的某些方面可能还有很多不足，迫切需要提高，形成自己岗位所需要的一套工作体系。因此，工作中我们要树立与时俱进的学习观、工作观，不断充电，充实自己，提高自己，以便熟练地驾驭我们的工作。无论是谁，在工作中、生活中一定会遇到各种问题。我们可能无法解决这些问题，但是我们可以改变自己的思考把工作做到最好。

3. 用激情创造未来，用思索成就工作

激情是鞭策和鼓励我们奋进向上的不竭动力，对工作充满激情，就会对现实中所有的困难和阻碍毫无畏惧，就不会把工作看成苦役。带着激情每天多做一点事情，多加一份努力。大到企业整体的任务，小到自己岗位上每一个工作的细节，甚至是接听一个电话、整理一份报表，只要能"多加一份努力"，把它们做得更完美，这样自己就会得到数倍的回报，为企业创造数倍的价值，让自己拥有更多的发展机会。

用力只能做到称职，用心才能做到优秀。除了需要激情，我们同样也需要在工作中不断思索，真正做到带着思考在工作，而不是重复机械化的无意义举动。通过在工作中不断思考，我们往往能在不经意间点燃自己思考上的"火花"，挖掘出连自己都想象不到的巨大潜力。

第五节　小设计提升创新高能回报

任何创新归根结底都是为了给自身、团队、企业创造更大的价值。如果一项创新设计无法产生任何回报，那么它本身就是失败的、没有意义的。学会用商业眼光和头脑来指导自己的创新设计理念，提升创新变现力，让自己的一个个小设计产生越来越高的回报，这是让基层职工的创新更具价值的不二途径。

一、不能变成"金子"的设计等于浪费

在市场经济条件下，任何产品都要以市场需求为中心来做，任何设计也要

以拥有市场前景为中心来选择方向，这样的创新才是贴合实际且有更高价值的。只有能够填补市场空白的小设计才能够真正通过进入市场立刻产生效益，并占领市场份额，才能变成"金子"，对企业具有真正的价值。那么，在创新过程中想要始终贯彻以市场需求为中心这一关键点，就需要培养自己洞察市场需求的能力。

市场洞察就是对市场全新的、模糊的了解，对特定市场环境所表现出的文化的理解力，在瞬息万变的市场中去捕捉所需信息，从一些端倪中及时发现消费者需求变化、经销商的异常举动、终端的陈列动向、竞争对手的市场动作等，并及时做出正确判断，随时做出反应。

市场洞察是一种能力，不仅仅是系统或模型工具。市场洞察是企业在客户数据管理、市场需求分析、市场洞察应用三个部分相互驱动的闭环过程中逐步积累并不断优化的市场认知、分析和应用能力，如图4-22所示。

市场洞察的基础是客户数据管理，是在对客户数据的全面掌握后，建立统一客户视图，对客户全面认知的能力

01

市场洞察的核心是市场需求分析，是确定可实施的业务目标，选择合适的模型方法进行动态分析的能力

02

03

市场洞察的关键是市场洞察应用，是由分析结果驱动，在企业内部广泛应用的能力

图4-22　市场洞察要素分析

洞察能力的应用领域可以分为岗位外部和内部。岗位外部的洞察重点是研究市场竞争格局及发展态势、消费心智及消费行为的变化趋势，从而使创新者制定创新战略，规划创新思路，做到有据可依；而岗位内部的洞察重点是关于创新效率、成本、风险研究及管控，它要解决的问题是如何处理创新过程中的"战术"问题。

二、让小设计为客户服务

在如今这个时代，与市场前景一样决定着企业命运和未来发展的另一个关键词就是"客户"。相比于以往的时代，当今客户获取信息的渠道由于网络的发展而更加便捷，这让客户需求也越来越多，花样百出。而小设计能否真正产生实际的效果，很大程度上也取决于这个创新是否能贴合客户的实际需要。可以说，只有以客户为中心来实现创新，才能通过创新小设计真正让"上帝"站在自己这边。要想让创新以客户为中心，在创新小设计的过程中就要时刻谨记几个重点，如图4-23所示。

设计产品不光要叫好，更需要叫座　　重点一　　重点二　　小设计要做到"双轮驱动"，从产品和渠道两个维度力争一同实现有竞争力的小设计

图4-23　以客户为中心的小设计要谨记的重点

1. 设计产品不光要叫好，更需要叫座

一项与产品有关的创新有多大实际价值，关键还是在于它是否能够受到消费者的青睐，而不是它看起来有多美好，能获得多少掌声。在市场经济下，一个创新所能带来的经济效益或是潜在经济效益永远是衡量创新价值的核心因素。而只有以客户需求为中心去指导创新的方向，我们才能让创新出的产品获得消费者的好评与认可，从而才可能带来实质的经济效益。

2. 小设计要做到"双轮驱动"，从产品和渠道两个维度力争一同实现有竞争力的小设计

如果说产品创新为公司发展带来利好，那么渠道创新则更为业务的发展注入新的活力。随着创新产品的不断推出，如果销售渠道依旧单一，那么难免会让我们的创新产品受旧有销售渠道的"拖累"，进而出现销售滞后。在这个以秒为单位计算发展速度的时代里，销售滞后往往会给创新带来毁灭性的打击，一个创新产品很可能由于几个月的销售滞后反而成为落后的产物。

当喊着响亮的创新口号将全部精力投入填补市场空白的创新设计工作中时，我们也千万不能忽视这个时代的另一个主题"客户"。只有以客户为中心的小设计才具有真正的市场价值，才能够给企业带来真正的收益。也只有以客户为中心的设计，才能够在市场中具有更强大的生命力，甚至很长时间都无法被超越、取代。

三、以小投入实现小设计

既然前面已经说到了，创新之初的最大阻力往往来源于资源方面，那么除

了学会利用手头现有资源外，在获得了一定程度经费上的支持后还必须要懂得分析成本，从而增加创新经费投入的利用率，让本就可能不多的资源能够最大限度地发挥出它们的作用，推动我们的创新进程。

要想真正把整个创新过程的成本分析到位，让每一点创新经费（以及其他物质资源）都发挥其最大的作用，就需要用到一个财务管理上的基本知识——差异化分析法。

1. 差异化分析的方法

差异化分析法如图 4-24 所示。

整体差异化分析　　　个别成本差异分析

整体预算的差异　　　单项差异分析

图 4-24　差异化分析的四种方法

整体差异化分析。通过投资分析、资产负债表、损益表与损益两平点分析实现整体差异化分析。

个别成本差异分析。个体成本差异分析的内涵是费用的分析控制与职能的成本，包含资本支出、财务、管理、销售费用、研发与制造成本。

整体预算的差异。抛开差异分析，还关注总体差异，即宏观整体分析。可以从具体方面找原因，如创新产品利润低于传统产品，是制造成本提高，或是研发费用过高等。

单项差异分析。在做差异分析时，不能只看总额，而且要看细目；不能仅仅关注在创新过程中每个阶段的成本，更要细化到每一项支出中，即单项的差异分析。

2. 差异化分析的先决条件

差异化分析的三个先决条件如图 4-25 所示。

图 4-25　差异化分析的三个先决条件

尽管每月花费大量精力在差异分析上，但却收获甚少。究其主要原因，大多数人对自己预期获得的经费支持预期过高，认为标杆越高越好。成本及费用预算的编制以达到目标为目的，如果目标不准确，业绩和成本费用的差异分析就会与现实相差过多。因此，在确立目标时要把握适度的原则。

成本设定的假设。恰当的资源需求与作业条件是成本设定假设的组成部分。比如，实现某个创新项目需要投入直接人工，倘若设置的标准人工、工资率和工时不甚合理，就会使分析没有价值。

差异责任的归属。归责明确，明确最终责任人。倘若分析只是纸上谈兵，文件仅供参考，那差异分析将会无任何实效。一切事情皆有源头，理顺清楚为什么成本超支，以后怎样加强控制，如何防止以后再发生类似的事情，一定要落实到具体的创新环节上。

3. 差异化分析步骤

差异化分析的两个步骤如图 4-26 所示。

图 4-26　差异化分析的两个步骤

制作差异分析表。进行差异分析时，应当制作差异分析表。大部分公司都有差异分析表，通过该表将支出与编定的预算相比较，以此为依据，达到控制的目的。完全可以在自己的创新成本分析中套用这些表格，免去自己制订表格的麻烦。

设定差异分析的标准。要学会设定差异分析的条件，即单项成本及费用。差异数字达到一定标准才有做差异分析的价值，否则实际成本费用超出预期，使得差异分析归于无效。

4. 费用控制

费用控制的分类如图 4-27 所示。

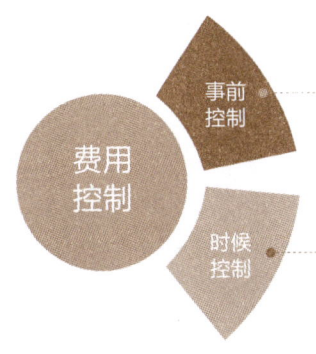

事前控制：事先建立各项支出的合理标准，预防成本超支。例如，在创新的某个阶段，应该投入多少，需要用在某一方面的费用是多少，需要事先设定一个标准。很多人总是事后控制，虽然说亡羊补牢，为时未晚，但是在控制上最好能够做好事前的控制，未雨绸缪，避免过多地挤占后面创新阶段的经费，从而陷入经费不足的境地。

时候控制：对已经发生的成本差异采取修正的行为，调整或修正未来的成本支出。当实际的支出超过原来所编的预算或标准时，都应该了解原因，然后针对这些差异，采取相应的对策。

图 4-27　费用控制的分类

控制原则。对费用进行管控时，要坚持适度原则，防止控制过多。创新过程中，很大一部分人把钱管得太严，过度控制，过犹不及，如此"抠门"实际上却拉慢了创新完成的速度，得不偿失。

四、做好风险评估

创新本就是一个开拓、探索的过程，在这一过程中我们可能收获意想不到的进步，当然，既然要做第一个"吃螃蟹"的人，那么也必须要承担"扎嘴"的风险。因此，在创新过程中，学会进行风险评估就显得尤为重要。学会进行创新的风险评估，能够有效地规避高风险，以更安全、稳妥的思路完成创新工作。风险评估的常用方法主要有五种，如图 4-28 所示。

风险评估
- 风险因素分析法
- 内部控制评价法
- 风险率风险评价法
- 定性风险评价法
- 分析性复核法

图 4-28　风险评估的常用方法

1. 风险因素分析法

风险因素分析法旨在对易导致风险的因素进行评价和分析，然后确定风险发生可能性的大小。其普遍思路为：查验风险点→辨别风险转换因素→明确条件是否构成→预估后果→进行评价。

2. 内部控制评价法

内部控制评价法用来确定创新风险，它通过评价创新工作内部控制结构而实现。内部控制结构直接关系着风险控制，因而这种方法广泛运用于评估控制风险。

3. 分析性复核法

分析性复核法通过分析被评估项目的比例和趋向，达到推测创新工作误差和漏洞的目的。惯常的方法包括比较分析法、趋向分析法和比例分析法。

4. 定性风险评价法

定向分析有着便利、快捷、高效的优势，主要用于评估创新风险。它依靠自己的岗位经验、专业标准，通过观察、调研与分析来实现。

5. 风险率风险评价法

定量风险评价还包括风险率风险评价法。其通过计算风险可能性，将风险率与安全指标进行对比来判断风险，且数据差距与风险大小成正比。

五、创新设计可行性评估

创新设计可行性评估是指创新成果经过一段时期的相对稳定运行后对其进行评价和总结的一系列活动，是促进组织成员进行新一轮更高层次创新的又一起点。

创新设计是一个进程，每一环节与环境都富有多样性，由此决定了创新评估的复杂性。只有遵循以下基本原则，才可保证评估的科学性与客观性，如图 4-29 所示。

图 4-29 创新评估的基本原则

1. 系统性原则

创新评估客体由多元素组成，是一个有机系

统，以实现整体最佳成效为评估目标。基于此，评估要立足创新最终结果，即要从市场实现程度开始。均衡不同环节间的关系，达到宏观综合评价。

2. 可行性原则

要想使评估结果付诸实施，就得对多样提案从需求和可能、现实和预期、技术成果和经济效益等多视角进行审定，进行可行性分析。市场开放竞争，具有多变性和不确定性，可行性分析势在必行。

3. 动态性原则

创新性评估具有相对稳定的评估对象和进程，但内容与环境却是多变的。由于变化存在着必然性也存在着随机偶然性，因此评估工作不是一蹴而就，而需机动地进行评估。

4. 时效性原则

市场的实现程度是检验创新设计成果的标准。市场的实现与时间息息相关。产品的生命周期与购买者的心理活动都是时间的变化函数。所以，时效性是可行性评估必不可少的特性。

任何一个设计只有经过可行性评估，方可得出它能产生多大商业价值的结论。对于那些能够产生价值的设计理念，应该坚持并把它做得更好，让它不断"进化"，而对于那些显而易见会倒在商业现实面前的设计，不如去调整方向、改变战略或是暂且搁置，等待更好的时机再将设计付诸实践。

第六节　小建议蕴含创新潜藏价值

企业要想实现整体创新、转型，不仅仅需要基层职工切实将创新工作落实到实践中，用自己的双手践行"五小"创新的核心理念。同时，也需要基层职工从基层出发，凭借优秀的创新意识向企业提出宝贵的建议，这些建议有时甚至能成为改变企业命运的关键。

一、小建议是创新的助推剂

一个企业要想实现创新，不光要在企业战略上有创新，在企业管理和经营模式上有创新，更需要通过基层职工实现创新。

企业基层生产一线是与企业产品距离最近的一条"战线"，对产品本身的优势、缺陷及生产工艺也是最为了解的。因此，要想让企业整体在产品和工艺上真正实现创新，就必须在制造一线上汲取足够的经验、建议，这就要求每个身处基层生产岗位上的企业职工都能重视给企业提建议，努力在工作中总结对创新有推动作用的小建议。

可能有些职工不以为然，认为一线职工在工作中所总结出的那些"小建议"并不能对庞大的企业产生至关重要的作用，然而事实并非如此。

正是这来自基层看似"微不足道"的一个建议，给整个企业带来巨大价值，让整个企业的营业额产生了质的飞跃。有些时候"建议"所产生的地方并不需要多么"高"，恰恰是基层产生的创新理念有改变企业未来发展的力量。

作为一名企业职工，一定不要忽视自己通过长时间岗位工作所总结出的建议能带给企业的推动作用，有些时候正是意想不到的小建议给企业提供发展的出路，并让企业孕育出真正的生产创新，给企业带来翻天覆地的变化。

二、直指"痛点"提出建议

"痛点"用来形容体验方面的细节问题，它用来表示购买者由于期望得不到满足而形成的心理落差。痛点中暗藏着创新机会，购买者感受痛苦的地方，往往可以使生产者尝到甜头。

创新来自哪儿？来自对消费者"痛点"的理解与把握。基层职工无疑是对这些痛点最有体会的人，因为产品是经过自己的双手设计出来的，它在使用时存在哪些问题，基层职工再清楚不过。而在提出小建议的时候，就应该直击这些痛点，这样才能够让企业发现改革创新的机会。

"痛点"无处不在，每个人都是"痛客"，工作中是，生活中亦是。人们遇到"痛点"通常选择忽略，并不会深究。而随经济发展产生的资深"痛客"，他们聚焦大多数人的"痛点"，并且深究、想透，从创新角度出发，找到解决途径和方案，并将其实施，解决问题，服务人民，在创造经济价值的同时形成良好的社会效益。

三、有"超前性"的建议才是好建议

学习已有的东西能让自己的创新站在更高的起点。不过有一点需要始终铭记的就是，创新本身是不能够模仿的，如果在创新的过程中一味地想要跟随大潮流，跟随他人"一股脑儿"地走上某条创新道路，那么是难以实现真正的创新的，因为跟随永远不能让我们成为走在最前面的那个人。

不仅仅是对于创新者个人，对于企业来说也是如此。当我们给企业提出一些创新建议时，一定要具有"超前性"，这样的建议才是对企业创新可能产生巨大推动作用的建议。

要想避免在提出创新小建议的过程中走入跟随他人的误区，真正总结出让企业受用的小建议，首先，要认识到无论提出什么样的建议，只有企业采纳与不采纳，并没有对错之分，因此完全不必顾虑提出超前性的建议会给自己带来什么风险。有些人之所以想要跟随他人的脚步去模仿，很大一部分原因是害怕自己提出错误的建议，从而受到企业、领导的批评。实际上创新本就是一种尝试，并没有什么对错之分，条条大路通罗马。然而如果我们只是去提出一些早已有人实践过的建议，那么实际上我们的建议对于企业的创新根本起不到推动作用，这样的建议才是没有意义的，因为它很有可能早就过时了。因此，在提出创新小建议的事情上，我们要从自己的实际工作出发，发现创新的契机，即便有些想法较为超前，同样也可能使企业大受裨益。

其次，要能够区分借鉴他人的创新经验与盲目模仿之间的界限。不要盲目跟随他人的想法来提出自己的建议，并不是说不能去学习他人成功创新的经验，而是要从这些经验中找出普遍适用的道理，然后再依照自己工作的实际情况加以改良。如果你在这其中并没有结合自身发挥自己的主观能动性，那么借鉴就成了盲目的模仿，这样的建议往往是毫无价值的。

最后，要能够发现自己的优势，发扬自己的优点，从自己最擅长的工作领域提出建议，而不是用他人之长攻己之短。例如，自己更擅长在工作中通过耐心和仔细来保证复杂工作完成的质量，那么就从这里入手，看看如何能在更好地保证产品质量上有所突破，而不是去绞尽脑汁想如何才能提升工作效率，如何才能更好地处理琐事。

四、任何建议都要符合创新的本质

既然是关于创新的小建议，那么要想让它能够切实对帮助企业实现创新起到推动作用，这些建议首先就必须符合创新的本质，关乎生产进步和效益提升的想法，而非仅仅是一些博人眼球的"噱头"。因此，在提出关于生产创新或管理创新的小建议时，也一定要以符合这些本质为前提，如图4-30所示。

- 任何小建议都应该以切实能够提高产品质量、能够满足客户需求为核心
- 在提出小建议时应该站在企业的角度，以全局性的视角来看待创新
- 抛弃虚荣心，实实在在地为企业出谋划策

图 4-30　突出创新小建议的本质前提

1. 任何小建议都应该以切实能够提高产品质量、能够满足客户需求为核心

在给企业创新提出建议时，每个职工都应该以这个建议能够提升产品的质量，能够更适应当前客户的需求为基础。如果仅仅是改变了产品、管理的面貌而并没有从实质上让生产出的产品或是生产环节的效率有所提升，那么这个建议就是缺乏价值的。"换汤不换药"的建议并不能推动企业实现创新。因此，当一个创新小建议在脑海里生成时，首先应该检验它是否符合提高产品质量、满足客户需求的核心要求，如果不符合就要结合实际生产需要对其进行修改或是另寻其他方向。

2. 提出小建议时应该站在企业的角度，以全局性的视角来看待创新

不少职工在向企业提出一些小建议时，更多的还只是站在自己岗位甚至是自身需要的角度上，这样所提出的建议可能就不具备更高的战略意义。企业创新更需要从长远战略意义上出发，这样才能让企业拥有更旺盛的生命力。而要想提出有长远意义的小建议，就需要站在整个企业利益的角度上，以全局性的眼光来看待岗位实际工作中出现的创新契机，从企业长远需要的角度来修正自己的建议，让自己的建议不但能够切实对实际工作和岗位需要起到推动作用，更能够给企业发展带来更长远的助力。

3. 抛弃虚荣心，实实在在地为企业出谋划策

在实际工作中还有这样一种情况，有些职工看到别人总是能在工作岗位上提出有建设意义的小建议，给企业出点子，受到大家的赞许和表扬。自己为了

也能够成为他人眼中的创新能手,每天不遗余力地去寻找任何可能实现改变的东西,然后不停地给企业提出各种各样的建议,而根本不理会这些建议的实用性和实质价值。这样提建议的方式是不科学的,也是浪费时间和精力的。想要提出真正有价值的建议,每个职工还是要把心思首先放在本职工作上,不要被自己的虚荣心控制,实实在在地为了企业的发展努力工作,才能发现真正可能实现创新的契机,从而提出符合创新本质的有价值的建议。

五、立足岗位,在实践中凝练创新建议

要想做好本职工作,除了要尽自己最大的努力投入其中,尽量减小被其他事情分散注意力外,还要掌握做好工作的一些关键方法,如图4-31所示。

图 4-31 凝练创新建议的关键方法

1. 要端正工作态度,脚踏实地工作

态度决定一切,没有端正的工作态度,一切都是空谈。我们应该珍惜自己的岗位工作,领导把我们安排在这个岗位上,就是领导对我们的信任,我们就应该有责任、有信心、有能力把工作做好。我们应该努力去掉身上的浮躁,不论做什么事情,都要沉下心来,踏踏实实,一步一个脚印,从眼前的小事做起,从最基本的工作做起。

2. 加强学习,不断提高自身素质

"工欲善其事,必先利其器",每个岗位的工作都有其专业性,要做好本职工作,我们就要加强业务学习,不断提高自己的业务水平和知识水平。与此同时,我们还要学习先进的工作方法,努力提高自身的综合素质。在工作中,知之为知之,不知为不知,虚心向比我们更有经验的人请教,向比我们更优秀的人学习,把学习作为一个良好的工作习惯,在学习中不断提高自己的工作能力,让自己的价值也随之提升。

3. 需要勇于创新，敢于挑战

岗位工作复杂多变，这是对我们每个人的考验，更是对我们的锻炼。而面对工作中的一次次挑战，我们要勇于创新、敢为人先，勇挑重担、敢于负责，并努力把事情做到最好。岗位工作不可避免地会出现很多困难，但面对这些问题，我们不能逃避，更不能置之不理，要敢于挑战困难，挑战自我，要把困难当成是对我们的磨砺，把困难看作我们职业道路上的财富和资本，出现问题，要迎难而上，要有"初生牛犊不怕虎"的冲劲儿，努力把事情做到最好。

第七节　精准靶向　创新文化显成效

一、摸清工作流程脉络

"五小"创新活动每年报送评选一次，工作流程包括项目申报、项目审查、成果制作、成果推广、向上级部门报送参评等几个基本程序。

各单位应成立"五小"创新项目领导小组，组长由各单位工会主席担任，成员由各业务部门专业人员组成。领导小组可结合本单位的具体情况，提出当年须重点解决的问题，公开发布，引导本单位项目的申报，竞争承担项目。项目立项原则是面向基层，面向一线班组职工。项目应立足自主创新，单个项目的费用原则上不超过 3 万元，项目不跨年度；外协费用主要包括外协制造、试验等内容，原则上不应超过总经费的 50%。各单位领导小组对项目计划进行评审，确定本单位的项目计划，上报公司"五小"项目储备库。公司工会组织有关部门对项目计划进行核查及专家评审，根据评审意见，报领导批准后随综合计划一并下达。对能形成专利技术的项目，应优先安排。

企业成立"五小"创新技术指导小组（由各单位和部门的专家技术人才组成）针对各"五小"创新项目存在的技术、资金、成果制作、成果推广等方面问题进行指导，同时负责"五小"创新项目的审查筛选工作。

二、建立创新交流平台，拓展沟通渠道

如果企业在互联网上为职工搭建一个创新交流沟通的平台，那么只需要发起一个话题的讨论，组织一场线上创新点子交流，就能够很轻易地实现职工之间的创新沟通交流，让他们随时随地尽情展示自己的创新理念，这无疑会对创新沟通的效果和创新文化的发展产生革命性的推动作用。当然，要想搭建起能

够让基层创新者实现良性互动交流和自我创新展示的平台，企业管理者就需要掌握相应的平台构建方略，如图4-32所示。

01 尽可能从多个途径搭建多个互动交流平台，给基层创业者提供更多选择

02 每一个职工互动平台都要设立专门的管理人员

03 要让职工互动平台拥有自己的特色

图4-32　创新交流平台构建方略

1. 尽可能从多个途径搭建多个互动交流平台，给基层创业者提供更多选择

如果仅仅是利用企业和工会网站这样单一的平台去搭建基层创新者沟通交流平台，那么就等于限制基层创新者的互动方式。不同的平台有着各自的优势和缺点，因此单一的职工互动平台很难满足所有基层创新者的需要。这时完全可以利用一些第三方平台来构建更多的职工交流平台，给基层创新者更多选择的余地。

2. 每一个职工互动平台都要设立专门的管理人员

像所有平台一样，职工创新互动交流平台也需要日常维护和管理。如果任意地让基层创业者在企业的平台上随意进行互动交流，那么很难把控职工群体言论的风向，难免在互动过程中产生一些不良导向的舆论。企业管理者一定要为每一个互动平台设立专门的管理人员，一方面引导正确的言论导向，另一方面也能在平台上组织一些互动活动，活跃平台的气氛，吸引更多基层创新者加入。

3. 要让职工互动平台拥有自己的特色

平台要想吸引更多的用户就需要拥有特色，职工互动平台自然也不例外。可以在职工进入互动交流平台时设置整齐划一的网名前缀，也可以发扬传播一些具有特色的语言表达方式，或是定期在平台上组织有特色的创新互动活动，

甚至可以结合线下活动让基层创新者在现实世界中形成真实的互动。一个有特色的互动交流平台才能让基层创新者保持对平台的新鲜感，使其不被其他的互动交流平台所吸引，保证企业的平台用户不流失。

三、建立"五小"创新奖励机制

在创新活动中，企业需要创新企业文化价值观，那么企业同时就需要为保障这一文化理念的贯彻和传播建立相应的制度。建立创新奖励机制是确保创新文化理念能够扎根企业基层，深入企业生产一线职工心中的重要方式。通过奖励机制鼓励职工的创新，让每个职工都意识到企业对创新精神的重视，这是弘扬创新精神的最好方式。当然，建立创新奖励机制要讲求科学的方法，还要适应企业实际情况的需要。总的来说，应该遵循以下四个原则，如图4-33所示。

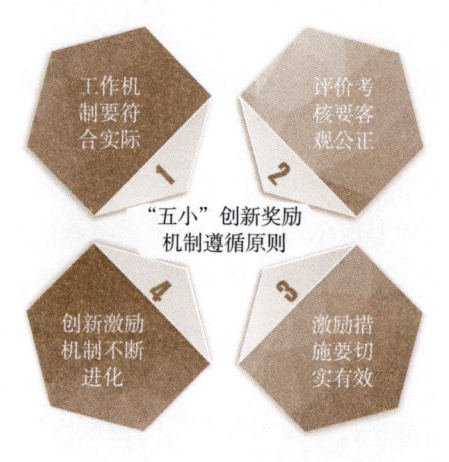

图4-33 "五小"创新奖励机制遵循原则

1. 工作机制要符合实际

虽然理论上要求企业建立专门的创新激励工作机构，配备专职人员，但从实际操作层面上来看，有些是不现实的。特别是许多小微企业。若建立专职部门、专职人员，受人员所限，难以很好地履行职责，发挥作用，反而造成人员浪费，或者影响创新评价结果的准确性。因此，小型企业可根据辖内创新工作实际和职工素质，考虑是否设置专门的部门和人员。经营规模小的企业，创新激励工作部门、创新产品营销部门及创新考核评价部门可适当减少或不必单设，但应指定专人具体负责。经营规模大或有必要需求的企业，可设立专职部门，配备专职人员，尽量不要将多项职能集中于一人，以保证创新激励的公正性和有效性。创新激励部门配备的人员必须具备专业知识和专业技能，能够有效地开展创新激励工作，保证创新激励机制发挥作用。

2. 评价考核要客观公正

创新考核评价过程要透明。要实行公开制度，尤其是对创新成果的奖励与惩罚，在客观公正的前提下，在单位内部公示，既可起到榜样或警示作用，以鼓励其他职工的创新积极性，也可进一步增强受奖励或惩罚本人的荣誉感或耻辱感，促进其行为的加深或改善。考核评价是激励措施实施的前提，若做不到客观公正，则激励措施可能会出现偏离，从而使激励效率大打折扣，影响鼓励效果。

3. 激励措施要切实有效

激励措施一般都有很大的风险，在制定和实施激励措施时，一定要谨慎，要本着切实有效的原则，提高激励效果。一是公平原则。任何不公平的待遇都会影响职工的工作效率和工作情绪，影响激励效果。创新激励措施要体现多劳多得，让每名职工在对报酬与贡献进行比较时觉得公平，感到满意。二是实事求是原则。要根据创新考核评价结果，施以相应的刺激和鼓励，不能对虚假创新进行奖励。三是重视人的需要的原则。在制定和实施激励措施时，首先要调查清楚每个职工真正需要的是什么，然后再制定相应的激励措施。应注重激发人的内在期望，也就是运用内在激励方式，调动人的内在积极性，使职工自发、主动地对创新产生浓厚的兴趣及强烈的欲望，这是激发创新动力的关键。四是坚持激励与约束相结合的原则。激励与约束是从不同的角度对人们的行为施加影响的两种方式，使系统趋向积极的状态，向预定的目标运动。因此，二者的目的是一致的。

4. 创新激励机制不断进化

创新激励机制实际运用中，可能会产生各种意想不到的负面效果而需加以修正。即使一开始就运作得很完美，也需不断地加以改进。因此，企业在实施创新激励机制过程中，要允许对已建立的创新激励机制不断修正和完善，以适应不断变化的客观实际，增强激励的效果，促进企业产生源源不断的创新动力。

四、建立创新工作室,为"五小"创新提供平台

在众多措施中,建立创新工作室,让员工自己成为企业创新发展的主角,是当下实现"五小"创新最为流行的做法。创新工作室不但能够调动职工的创新积极性,同时也能给部门乃至整个企业、整个社会带来翻天覆地的变化。当然,要想让创新工作室真正产生巨大的能量,企业就必须认识到建立创新工作室的三个关键点,如图4-34所示。

1. 优化资源,整合力量,突出工作室创建特色。
2. 紧贴实际,抓住目标,突出创新工作室创效能力。
3. 拓展工作室新内涵,突出工作室"育人"功能。

图4-34 建立创新工作室的三个关键点

1. 优化资源,整合力量,突出工作室创建特色

在成立创新工作室时,企业应该依托自身资源优势,给工作室提供最强有力的后勤支持。而在确定工作室成员招募范畴时,也尽量不要设过高门槛,而是按照工作室实际需要从相关领域招募企业内的优秀职工,将各岗位上职工的力量进行优化整合,并在他们之间建立实现合作的可能。此外,工作室还要有自己的特色,比如在鼓励职工积极参与创新方面可以建立奖励机制,可以开辟专门的通道收集普通岗位职工的创新点子,等等。

2. 紧贴实际,抓住目标,突出创新工作室创效能力

创新工作室既要在技术上开展创新活动,更要将创新成果引入班站管理和建设,最终实现创效最大化。企业可以安排劳模创新工作室将收集到的疑难问题进行分类,并成立专门的攻关小组,小组之间各司其职又相互配合地开展工作,对难点问题进行重点攻关。此外,还应该成立一个专门的科研小组,通过大量的研究与实验,研发出能够帮助生产一线职工更好、更快完成生产工作的技术、工具,使创新工作室不仅能够解决企业生产中的问题,也能够将创新应

用于企业生产中，让每个职工和企业都因此获益。

此外，创新不仅要在技术上有突破，更要在管理上寻求突破。创新工作室中的成员大多是优秀职工或是管理者，因此更应该利用自身优势寻求企业管理上的突破。例如，可以将创新理念与企业精细化管理有机融合，经过研究与改进，总结出帮助企业进行管理体系建设的方案和理念。

3. 拓展工作室新内涵，突出工作室"育人"功能

创新工作室在传授创新经验和技巧的同时，还应该实施人才培育工程，提升职工的操作技能与创新意识，为企业输送技术人才，拓展工作室新内涵。

工作室可以定期开展专题培训活动，通过创新工作论坛、多媒体课件教学等方式，进行"传帮带"，创新开展科学、新颖的岗位知识学习方法，充分发挥工作室的"造血"功能，让每一个职工在学习技术的同时，能够感受创新氛围，增强他们的创新意识和创新热情。

创新工作室应该成为企业人才的培训摇篮，而创新培训模式也应该成为企业职工培训的风向标。

五、工匠精神成为"五小"创新的内核

"大众创业，万众创新"成为趋势。有人觉得，所谓的创新者就应当标新立异，甚至浑身上下都应当散发出与传统迥异的味道。还有观点称："对年轻人来说，只要有一个充满各种奇思妙想的大脑，那么一切皆有可能"。

工匠精神严肃严谨，并且拒绝跟风。工匠，通常是拥有高超技艺的匠人，他们专注，他们严肃严谨，他们敬业，由此形成了工匠精神。工匠精神之于个人，即专业专注、严谨敬业。工匠在制造工艺品时，精雕细琢，一丝不苟，将每一个产品当作作品，甚至是艺术品。在机器化大生产的当今创新时代，对产品精度与品质的追求与工匠精神深深契合。商品的品质与销量成正比。如果不具有工匠精神，即无法做出高品质的商品。时代要求创新，时代更追求匠人精神。

工匠精神要求默默坚守，苦心探索。工匠所代表的是一类有知识、经验，并能通过自己的劳动完成一定任务的人。所谓工匠精神，即热爱你所做的事胜过爱这些事给你带来的利益，精益求精，精雕细琢。有人认为工匠的劳动是重复性的，没有创造性可言。实际上，一切有关生产的设计、蓝图、标准，都依靠工匠来实现。没有技艺精湛工匠的企业，企业发展的目标无从实现。而工匠

的精湛技艺，无不得益于他们在岗位上的默默坚守，苦心探索，花费极大的心思和精力去设计出创新性产品。这就是创新时代所需的工匠精神。

　　对于当今的制造业来说，在我们主张"创新精神"的时候，一定要想清楚真正的创新是什么，个性化的设计算不算创新，创新如何起步，创新到底需要哪些素质、哪些精神才能真正得以实现。最终，会得到这样的答案：创新一直以来就与工匠精神密不可分，可以说很多创新就是从工匠精神中孕育而生的。

第五章 青年创新

第一节 青创工作开展的意义及现状

  我们正处在一个伟大变革的时代。时代呼唤着创新，创新是社会发展和人类进步的灵魂。为实现中华民族伟大复兴的中国梦，现在比以往任何时候都更加需要强大的科技创新力量。青年时代是人生的黄金时代，年轻人充满着青春的活力和改变世界的梦想，最少保守思想，最善于接受新鲜事物，最富有创新精神。可以说青年时代是创新的最佳时期。翻开近代科学技术史，许多大科学家、大发明家，都是在年轻时就有了伟大的发现并做出了伟大的发明。

  习近平于2013年11月8日在致全球创业周中国站活动组委会的贺信中指出："青年是国家和民族的希望，创新是社会进步的灵魂，创业是推动经济社会发展、改善民生的重要途径。青年学生富有想象力和创造力，是创新创业的有生力量。希望广大青年学生把自己的人生追求同国家发展进步、人民伟大实践紧密结合起来，刻苦学习，脚踏实地，锐意进取，在创新创业中展示才华、服务社会。"对中国青年的创新提出殷切的期望。

  从国家层面来说，创新排在新时代发展理念第一位，在国家发展全局中起核心作用。党的十九大多次提到创新对现在中国的重要作用，尤其强调创新是建设现代化经济体系的战略支撑。我国的经济已经从快速增长阶段转变为向高质量发展的阶段，正处在转变国内发展方式、优化国内经济结构、转换促进经济发展动力的攻关期。在当前关键阶段，推动经济增长质量变革、效率变革、动力变革，提高全方面各个要素生产率，不断提高我国经济创新力和国际竞争力，它的实现必须紧紧依靠创新驱动力。

  从民族层面来说，21世纪的中国是最接近实现中华民族伟大复兴目标的时期，也是最有信心、最有能力实现这个目标的时期。党的十八大提出：实施创新驱动国内经济发展战略。科技创新是提高国内生产力和综合国力的战略支撑，必须把它摆在国家发展的核心位置，并通过深化改革建设国家创新体系，加快建设创新国家。到 2030 年，我国要进入创新型国家前列；到 2049 年，新中国成立 100 年时，要把我国建设成为世界科技强国！

从企业层面来说，电网公司是培育创新发展能力的重要平台，在落实中央创新精神、推动管理创新、科技文明发展和培养成长型、创新型职工等方面具有不可替代的作用。企业的创新可以促进企业组织形式的改善和管理效率的提高，从而不断提高企业生产效率，降低生产成本，为企业创造利润，不断适应经济发展的要求。

从个人层面来说，目前科技发展不断向前，如何能在机器时代不被淘汰，创新能力就是出路。创新思维能力的有无，影响自身对企业贡献的大小，也决定了一个青年职工的发展前途。由于思维能力上的差异，会导致不同的结果或结局，踏实肯干的创新，让每个职工都意识到企业对创新精神的重视，这是弘扬创新精神的最好方式。

建立创新奖励机制既要讲求科学的方法，还要适应企业实际情况的需要。

一、青创工作路径

1. 创新目标建立

在创新工作开展之前，确定当前阶段的总体工作目标，可以使青年职工能够知晓努力方向，进而增强职工间的向心力和凝聚力；同时，明确各个阶段工作的重点和资源需求，可以更好地优化资源，有利于实现资源的价值最大化，保障创新工作有序稳步推进，实现创新工作各阶段的战略目标。

2. 创新工作流程

（1）*课题确定*。创新课题的发现往往来自技术、管理攻关过程中遇到的问题。因此，坚持面向电网主战场、服务业务新需求，运用大数据，"互联网+"等新理念、新技术，与各项工作紧密结合，重点做好课题征集、采纳实施、攻关破题等环节，集中优势、合力攻关，从而获得有价值的课题。

从日常工作着手，积极进行小发明、小创造、小革新等"微创新"，在优化作业组织形式和作业方法上积极探索，在服务模式、服务手段上持续改进，提高工作效率，确保生产安全，提升客户感受。

从长期困扰公司技术、管理等方面的难题出发，通过日常工作或员工之间交流等途径获取攻关课题，启发思维。为确保课题能够有效解决实际问题，攻关小组在开题前，召集创新团队成员对所选课题及项目进行反复论证，集思广益、思想碰撞，形成可行性报告后方可立项。

针对公司发展的新方向、面临的新挑战，大胆提出攻关想法及建议，采用"头脑风暴法"进行小组讨论与可行性分析，找出适应未来发展的新课题。

（2）课题推进。

1）根据课题的性质和实际，选举能力强、能胜任的骨干员工为攻关课题负责人，通过小组讨论制定课题总目标和实施计划。

2）在实施过程中，将项目进行拆分细化，划分为阶段项目，明确各个阶段的目标、具体任务，从而针对性地进行人员及资源分配，逐步推进。

3）针对需要实物制作的工作，联系厂家或开展"校企联合"并督导加工生产，根据项目计划，采用咨询和对比的方法确定最终的制作厂家或"校企联合"的实施人员，及时跟踪、督导实施进度，发现问题及时纠正。

（3）成果汇总。项目结题后，对研究成果进行总结，将所有成果进行汇总，整理各阶段的文字、图片、影音资料并进行归类存放。

发挥内部媒体平台功能，加强内部宣传引导，对创新研究成果进行宣传推广，根据反馈情况进行研究改进，完善研究成果，并进行多渠道宣传。此外，可以针对阶段性的研究成果进行拓展延伸，积极组织推广应用。

二、青创工作体系

青创工作体系如图5-1所示。

首先，确定整体工作任务，将其细化为阶段性任务并制作各阶段工作任务完成图，打印并张贴在创新工作研讨室中。

其次，每完成一项阶段性工作，在任务完成图中进行标示（标蓝）。进行小组讨论，提出下一步工作建议并进行标示（标红），其他人员可从图中了解工作进展情况和下一阶段任务，并均可接力进行下一阶段工作任务，注意需做好记录。

最后，将各阶段研究资料进行归纳整理，形成阶段总结并反馈至公共邮箱，便于各阶段人员从公共邮箱下载资料，避免进行重复工作及出现思路偏差。

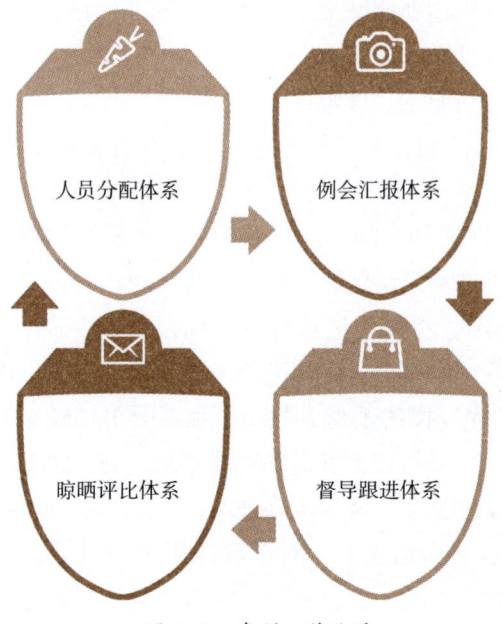

图 5-1　青创工作体系

1. 人员分配体系

成立创新小组、QC 小组、实物小组、总结小组、宣传小组，保障创新工作各阶段工作人员的合理分配。

（1）创新小组：研讨并确定项目目标、任务，预估其成果效果。

（2）QC 小组：根据项目的开展进行资料收集并进行申报。

（3）实物小组：根据项目进展筛选合作厂家（建立对口加工厂家群体及联系名单、方式。擅长加工领域汇总表），联系厂家进行加工、现场试验和需求改进。

（4）总结小组：组织讨论成果创新点，形成论文框架后进行成果汇总，并对研究成果进行组内发布，申报成果专利。

（5）宣传小组：收集各阶段资料，对其整理分类，并根据需求制作相应的海报、PPT 等材料进行宣传，根据反馈情况，改进发布内容，形式，提高项目推广效果。

2. 例会汇报体系

通过周、月度例会及时汇报工作进度，及时沟通项目实施过程中的困难和问题，以汇报促研讨、以研讨促实施。

3. 晾晒评比体系

对列入创新计划的各个项目每月进行晾晒评比，为奖励激励机制的实施提供重要依据，同时还可以实现查缺补漏。月度晾晒评比可结合每月一次的团青活动进行。

4. 督导跟进体系

根据项目实施的节点，适时进行检查和督导，做到项目有人负责、有人检查、时时跟进；保证项目能够按时、高质、高量完成。

第二节　青年创新的动力

青年创新的动力主要来源于四个方面：客观的需求、献身科学的精神、竞争的环境、兴趣好奇心或偶然事件的触动。

一、客观的需求

客观世界亟待解决的困难和问题是激发创新思维的重要动力。贝弗利奇写道："当某个问题刺激头脑时，想象的解决办法简直是自动跃入意识——直觉地把思想引导到这个问题上来，考虑这个问题，并在头脑中形成各种建议。"

20世纪80年代，随着我国粮食生产的发展和工厂化养鸡技术的扩散，以养鸡为主的养殖业迅速发展。但随着饲料添加剂的大量使用和在防治疾病中抗生素残留量的增加，食品安全、产品质量、生产成本和环境污染等问题日益突出。为了解决这些问题，以河北畜牧兽医所的李英研究员和河北农业大学的谷子林教授为首的科研团队，通过充分调研，针对太行山区生态环境恶化和日益突出的林牧矛盾，经过几年的试验、示范和规模化生产，逐步形成了"规模化生态养鸡技术体系"，并进步实现了产业化，成为广大农民致富的新途径。

江苏省常熟中学的庞颖超说："有一次，我看到交警抓了一个闯红灯的人，结果发现他是色盲，分不出红绿灯，于是我就有了做种能够让色盲识别的红绿灯的想法。"后来，他发明了能让色盲识别的红绿灯。

有一天河南永煤集团车集煤矿电工游弋看到位工友在切割密封圆时被切伤，流了很多血。当时他就想：能不能制作一种简单工具，让这道工序又快又安全呢？后来，他经过 20 多次的设计改进，终于制作出井下电缆密封扩孔器。这让他获得了第一个实用新型专利。从此他的创新发明不断，先后获得"全国技术能手""全国劳动模范"等多项荣誉。

二、献身科学的精神

对科学的热爱和对科学真理的追求是每一位科技工作者不畏献身科学的永恒动力。爱迪生说："我的人生哲学是工作，我要揭示大自然的奥秘，并以此为人类造福，这是度过我人生岁月的最好方式。"

意大利的天文学家布鲁诺积极宣传哥白尼的日心地动说，并进一步提出：宇宙是无限的，太阳只是无数恒星之一。他的学说触犯了《圣经》上的教条，被耶稣教会迫害而流亡国外。1592 年他回到意大利后被一个绅士出卖，在被监禁的 8 年里，"他没有做过任何可以反悔的事情"。1600 年 3 月 17 日他被教会火焚于罗马的百花广场。布鲁诺忠于真理，不畏强暴的精神，一直激励着后来的科学工作者。

瑞典科学家、诺贝尔奖的创立者——阿尔弗雷德·诺贝尔是一个一生在死神身边做试验的人。1864 年 9 月一次硝化甘油爆炸事故，使 5 名工人和他的小弟弟遇难。1867 年秋天，另一次爆炸事故将他的实验室送上了天，他也被炸得鲜血淋漓。但诺贝尔没有停止试验。经过多次爆炸试验，他终于制成了两种安全的固体炸药。诺贝尔就是这样把毕生精力贡献给科学的。

三、竞争的环境

竞争是人类的基本心理特征之一。纵观人类发展史，可以说竞争是人类科技、文化进步和社会发展的强大推动力。竞争也是创新活动的重要动力，没有竞争心理就不可能产生创新动机。

美国科学家吉尔曼和沙力在一项生理学研究中竞争了 20 多年，最后都获得了重大成果，分享了 1977 年的诺贝尔生理学或医学奖。

20 世纪 90 年代，美国的"蛇果"进入中国市场后，每个至少卖 10 元，而与"蛇果"为同一品种的甘肃天水的"花牛苹果"每斤（1 斤 =0.5 千克）才卖 0.7 元。其原因是美国的"蛇果"经果蜡处理后，表面光亮美观，耐存放，而当时我国的果蜡全靠进口。为了提高天水"花牛苹果"的市场竞争力，甘肃农科院张永茂研究员及其团队经过两年多的科研攻关，掌握了"新型纳米保鲜果蜡"的生产技术，打破了我国适宜机械吸涂的果蜡完全依赖进口的局面。

四、创新触动

创新触动如图 5-2 所示。

图 5-2 创新触动

1. 兴趣是创新思维的来源

我国伟大的教育家孔子说:"知之者不如好之者,好之者不如乐之者。"可见他极度强调兴趣的引导作用。事实上,只有对某种事物感兴趣才能自觉、主动、拼尽全力去观察、思考、探究它,才能最大限度地挖掘自身潜力,产生新的想法,进行知识的移植和比较,探究出新的成果。

英国生物学家达尔文少年时代就喜欢打猎、捉鸟,搜集甲虫标本等,因此,长大后他放弃了令他感到枯燥无味的医学和神学,在导师的推荐下,他以博物学家的身份参加了"贝格尔"号舰的远洋航行,从而实现了他周游世界、领略大自然奇观异景的梦想。5 年的环球航行不仅让他饱览了地球上的奇花异草,搜集到了无数的动植物标本,还让他的自然史观发生了根本性变化。20 年后,他发表了具有划时代意义的《物种起源》。

科学创新的原动力是好奇心和兴趣爱好。20 世纪 40 年代,人们已发现 DNA 与遗传有关。美国的博士生沃森对这个问题很感兴趣。他博士毕业后,毅然决定到英国剑桥大学去读博士后,但课题是烟草花叶的病毒问题。而他想研究的内容是 DNA,于是他说服了学物理但对生物也感兴趣的克里克一起研究。在没有任何报酬和经费支持的情况下,从 1951 年到 1953 年 3 月,他们最终获得了 DNA 的正确模型。

2. 好奇心和求知欲

好奇心和求知欲往往是构成科学家多产智慧背后的强大推动力。对重大理论问题的持久求索可能引起观念的变革。爱因斯坦曾说过:"在每次新旧观念之间的戏剧性斗争中,我们坚定了永恒的求知欲望。""在求知上所遭遇的困难越多,这种欲望越强烈。"

英国物理学家、数学家、天文学家牛顿小时候就有非常强的好奇心,他经常在夜晚仰望星空,想天上为什么有星星和月亮?星星和月亮都在天上同时运转着,可是它们为什么不会相撞呢?这些疑问引起了他的探索欲望。他不断潜心研究,最终发现了万有引力定律。

1970年,有学者在新疆生产建设兵团第二师24团5连连队劳动期间,承担90亩(1亩=667平方米)水稻田的管理任务。当时有一种说法:"水稻难过六月关。"就是说六月份水稻容易死苗。因此,六月份的稻田不能施尿素。水稻真有"六月关"吗?六月份施尿素,水稻真的会死吗?出于好奇心和求知欲,学者在稻菌生长整齐的几块稻田里做了个肥料试验:分别按每亩5千克、10千克、15千克、20千克、25千克的尿素施入。结果没有一块地死苗。试验证明,合理施肥不会死苗。

为了搞清死苗的原因,学者在死苗的地块,用手挖出死亡了的稻苗,发现这种水稻的根是黑的,下面的土壤也是黑的,而且有一股臭鸡蛋味——一种盐碱土壤中的草根、树叶在淹水条件下所产生的有毒气体,原来它才是水稻死苗的罪魁祸首。这使他明白"水稻难过六月关"不是水稻生产中的普遍规律,它只是盐碱较重的稻田发生的特殊现象。

3. 偶然事件的触动

虽然偶然事件的发生没有规律,但偶发事件诱发创新思维的故事在科学史上并不少见。美国加利福尼亚大学教授劳伦斯一直有研制粒子加速器的构想。1929年2月的一天,他在图书馆翻阅文献《电学进展》时,偶然发现其中一幅描述粒子加速器装置的插图,喜出望外。后来,在这幅插图的启发下,他先后与埃得勒夫森、利文斯顿研究出了两种回旋加速器,并于1932年投入运行。1939年他因此获得了诺贝尔物理学奖。

鲁班发明木锯和兰德发明60秒照相术也是由偶然事件的触动所引发的。

有人曾经统计过,在诺贝尔奖的自然科学获奖成果中,成果总数与被认为是机遇发现的成果数的比例:物理学为86:3,化学为77:1,医学和生理学为 79：4。可见，偶然事件的触动是产生创新机遇的重要原因。

五、工匠精神成为创新的内核

"大众创业，万众创新"成为趋势。有人觉得，所谓的创新者就应当标新立异，甚至浑身上下都应当散发出与传统迥异的味道。还有观点称，"对年轻人来说，只要有一个充满各所奇思妙想的大脑，那么一切皆有可能"。

工匠精神要求拒绝盲目追风，要严谨认真。工匠，一般是指技艺高超的手艺人。这些人本身所具备的严谨，专注、敬业精神。被称为工匠精神。"工匠精神"从个人层面上说，就是认真、敬业的精神。手艺人在打造工艺品的过程中，追求一丝不苟，将每一件艺术产品当作艺术精品去小心翼翼地对待。在机器化大生产时代，在 21 世纪创的新时代，更加看重产品的质量和精度，这也就是工匠精神所要求的。一种产品的质量和精度往往与销量呈现正相关的关系，可以说，不爱岗敬业的职工是很难做出高品质的产品的。可见对创新要求越来越高的 21 世纪，工匠精神也越发的重要。

企业青年创新创效活动是共青团组织服务企业改革发展的一项重要工作。青年是创新实践的主体，实践证明，团组织开展创新创效活动正成为服务企业发展、促进青年成才的有效载体，尤其是在促进企业生产建设和经济发展上发挥了极其重要的推动作用，如图 5-3 所示。

01 创新是青年完善个人素质的基础能力

02 创新是决定青年眼界的主观能力

03 创新是体现青年社会价值的必备能力

图 5-3　青年创新

1. 创新是青年完善个人素质的基础能力

从书本中、从旁人的言传身教以及自己在工作、生活中领悟的思维方式和个人感悟，通过自身理解、结合实践再次进行思考，从而产生新的思维，通过不断的总结、积累，就形成了一种新的思维方式，这就是青年所该具备的创新的能力。

2. 创新是决定青年眼界的主观能力

青年具备的创新能力，让其看法跟进，甚至超过社会的发展，成为推动甚至改变社会进程的力量，平庸的人是不具备创新能力的人，而创新是决定一个青年"看得多远"的主观能力。

3. 创新是体现青年社会价值的必备能力

素养和眼界是一个青年成功的基础，每个青年的个人发展，体现了一个青年的自身价值，为社会发展增加动力，每个人都希望自己在社会的定位中是一个成功者，青年个人，无论是在社会上追求好的工作、好的生活，或者说能为社会发展做出自己的贡献，都需要创新的能力。

第三节　青年员工应具备哪些素质

科技创新是一种特殊的科技活动，影响科技创新人才创新的因素很多，如图 5-4 所示。

图 5-4　影响科技创新人才创新的因素

一、知识因素

知识是智力的重要组成部分，是产生科技创新思维与能力的重要基础。对于思维活跃的人，丰富的知识是创新思维的助推器。

当然，知识具有两重性，能塑造人，也能束缚人。因此，一个人知识的多少并不完全与他的科技创新能力成正比。有时知识越多，束缚创新的条条框框和禁区也越多；知识少的人思维反而活跃，想象更为丰富。

20世纪以前，知识的数量和质量都远不如现在，但许多思维很活跃的青年人都做出了重大贡献：高斯1岁时提出了最小二乘法，伽利略20岁发表了自由落体运动的论述，牛顿23岁发现了万有引力原理，爱迪生16岁就取得了电这一项重要发明，这些都表明，在科技创新活动中，知识是不可缺少的重要因素，但不是唯一的、起决定性作用的因素。

飞机的发明是一个很典型的例子。

19世纪末，在世界范围内掀起了研制飞机的热潮，但许多大科学家表示反对。德国大发明家西门子认为，要把比空气重的机械送上天是不可能的。后来，德国物理学家赫尔姆·霍茨、美国天文学家纽康分别通过论证和计算，"证明"让机械装置飞上天纯属"空想"。然而，1903年，没有上过大学的美国人莱特兄弟却首先把飞机送上了天。

美国的威尔伯·莱特和奥维尔·莱特兄弟从小就对机械装配和飞行怀有浓厚的兴趣。虽然他们从事自行车修理和制造行业，但奥托·李林塔尔试飞滑翔机成功的消息还是使他们立志飞行。1896年李林塔尔试飞失事，促使他们把注意力集中在了飞机的平衡操纵上面。他们特别研究了鸟的飞行，并深入钻研了当时几乎所有关于航空理论的书籍。这个时期，航空事业连连受挫，飞行技师皮尔机毁人亡，重机枪发明人马克试飞失败，航空学家兰利连人带飞机摔入水中，等等，这使大多数人认为飞机依靠自身动力的飞行完全不可能。莱特兄弟却没有放弃自己的努力。从1900年至1902年间，他们除了进行1000多次滑翔试飞之外，还自制了200多个不同的机翼，进行了上千次风洞实验，修正了李林塔尔的一些错误的飞行数据，设计出了较大升力的机翼截面形状。他们在1903年制造出了第一架依靠自身动力进行载人飞行的飞机"飞行者1号"。1903年12月14日—17日，"飞行者1号"在美国北卡罗来纳州基蒂霍克的一片沙丘上进行了4次试飞。第一次飞行了36米，留空12秒。第四次飞行了260米，留空59秒。1906年，他们的飞机在美国获得专利发明权。

二、思维因素

创新活动始于创新思维。没有创新思维或创新思维不强的人是不可能完成卓有成效的创新活动的。

伽利略用简单的逻辑推理方法就否定了亚里士多德关于自由落体的错误结

论；英国物理学家霍拉克从电子的能量对称联想到"有带负电荷的电子，就一定有带正电荷的电子"；牛顿因苹果落地想到地球对苹果存在引力，进而提出万有引力的概念，这些都是很好的实例。

三、能力因素

科技创新能力主要包括学习与批判能力、接受新事物的能力、观察能力、发现能力、想象能力、分析与综合能力、实践能力和社交与组织能力等。

1. 学习与批判能力

学习和批判是对相互矛盾又相互联系的统一体。

（1）**学习能力是获取和掌握知识、方法与经验的能力**。学习能力包括阅读、记忆、理解、表达、搜集资料和使用工具等的能力。这里的学习主要指的是终身学习。

自学是一个人一生中（包括在校学习阶段）获取知识的重要手段，是接受教育最方便最灵活机动的形式。这里所说的"自学"，不是单纯地指"读书"，还包括在实践中学习，向能者学习，向每一个有技之长的人学习。创新是创造前人没有的新东西，所以，必须通过终身学习，不断增加新知识、掌握新技能。很多大科学家，如笛卡尔、法拉第、爱迪生等都是靠自学成才的。

（2）**批判能力**。它表现为在学习过程中，对已有知识和经验的去粗取精，去伪存真的能力；在研究与创新过程中，对权威理论或定论的质疑和检验能力。科技发展史表明，重大创新成果多是在对权威理论或定论的质疑和批判的前提下做出的。被誉为核物理学之父、提出原子结构太阳系模型的卢慧福曾说过"就释放能量而言用原子核来做实验，可以说纯属浪费。"但当时和以后的科技工作者没有被这位大师的"定论"所束缚，否则就没有今天的核科学和核工业了。

2. 接受新事物的能力

创新者必须善于捕捉、理解和接受新思想、新事物，并将它们加工改造，用来激发自己的创造力；同时，还要善于从旧思想中发现新思想、新事物的成分。

3. 观察能力

观察能力是指全面、正确、深入地观察事物的能力。它是科技创新者最基本的能力。诺贝尔通过对沙土吸收硝化甘油现象的观察，发明了安全火药；孟德尔通过对不同豌豆品种异交过程的系统观察，发现了生物遗传规律；达尔文的物种进化论更是经过多年对世界各地大量动植物的观察后才总结出来的。观察、调查和实验是认识和发现事物发生、发展规律的基本方法。

4. 发现能力

一个人观察到一种现象，并不代表他发现了它。

发现能力表现在能迅速地透过现象抓住本质；对一些表面上似乎不同的事物，能迅速地找出它们彼此间的联系。发现能力不是天生的，而是在长期实践中培养、锻炼形成的。

发现能力主要包括：

（1）**发现问题的能力**。在科学史上常有这种情况：一种新现象、新事物被看到了，却又被忽视了，因而失去重大发现的良机。1978年苏联科学院的夏尔布里津教授合成了镧铜氧化物，并发现这种物质具有在温度下降时电阻会随之减少的特性。1980—1981年，他继续进行实验，发现当温度降到40开时，电阻消失了。但当他与另外的物理学家谈及此事时，对方漫不经心地认为是"表面异常"，这也动摇了他继续研究的信心。几年后瑞士科学家缪勒和柏诺兹也发现了这个超导现象，并以此获得了诺贝尔物理学奖。

（2）**发现异同的能力**。发现异同的能力就是指在相同的事物中发现其不同之处，在不同的事物中发现其相同之处的能力。它是启动创新活动的重要动力，许多创新活动都是从发现异同开始的。

（3）**发现可能的能力**。客观世界是很复杂的，一个事物包含着很多的可能因素。挖掘事物众多的可能性是创新活动的重要内容。从某种意义来讲，创造精神是在不可能中发现可能。飞机就是在许多人都认为不可能的情况下发明的。

（4）**发现关系的能力**。客观世界中，事物之间都存在着千丝万缕的联系。一般来讲，善于发现事物内部关系的人，创造能力较强。

5. 想象能力

想象能力是以知识和经验为基础，通过直觉、形象思维或组合思维提出新设想、新见解的能力。想象力常常是发现问题、解决问题的突破口。

6. 分析与综合能力

事物是由若干要素、层次和特性组成的统一体。分析能力是把事物整体分解为若干部分进行研究的能力。通过分析可以搞清楚各个局部的性质、局部之间的关系及局部与整体的关系，从而达到由表及里、由浅入深地认识事物的目的。

但只用分析方法往往容易让人只见树木，不见森林。因此，通常是把分析方法与综合方法结合起来应用。

综合能力就是把事物的各个要素、层次和特性用一定的线索联系起来，从中找出它们之间的本质联系和发展规律的能力。综合能力包括对事物整体把握，即把若干分散的知识、事物进行加工整理的能力；将不同学科的知识、不同领域的经验融会贯通的能力；与分析能力相互配合，正确认识事物，形成创新成果的能力。

7. 实践能力

实践能力是创新者将创新思维所产生的新思路、新成果、新设计等转化为实实在在的物质或效益的能力。如将创新成果推广、应用，进而实现其经济、社会、生态效益等。实践能力包括科研工作中的动手能力和生产活动中解决问题的能力等。

8. 社交与组织能力

在社交活动中，组织或参加各种学术讨论、交流活动是发展和培养创新思维的重要方法。通过讨论，从别人的创新思维中吸收营养，可以活跃自己的创新思维。特别是从不同意见的辩论中产生创新思维的火花，往往能打破自己的思维定式，找到解决问题的思路。

社交与组织能力指创新者在创新活动中，与管理部门、合作各方及创新团队内部的沟通、协调能力。对于一个创新团队，负责人的组织、协同和领导能力尤为重要。

四、素质因素

素质是人才成长的基础。一个人的素质高低与先天的遗传因素和后天的环境因素有关。先天的遗传是素质的物质基础，后天的学习和培养是素质改变和发展的主要途径，对素质影响极大。爱因斯坦和达尔文小时候天资很一般，但他们由于后天的勤奋而分别成为物理学家和生物学家。

在科学技术高速发展的今天，创新人才除了具备坚实的基础知识、宽厚的基本理论和扎实的基本技能，广博的专业知识和很强的适应能力，高水平的人文修养和高境界的思想道德修养，高智能、高情感、高稳定的心理素质之外，还应具备下列素质：

1. 勤奋

勤奋包括勤勉和奋发两层意思，即既要有勤勤恳恳工作的作风，又要有奋发向上的精神，两者缺一不可。一个人勤勤恳恳地工作，如果缺乏远大的理想和奋发向上的精神，则事业上很难有所突破；但如果只高谈理想而不勤勤恳恳地工作，结果只能是一事无成。

在这方面，居里夫人为我们树立了很好的榜样。她为了提炼放射性元素，在一间极简陋的实验室里，靠自己省下来的一点钱作经费，经过 4 年枯燥的重复操作，从几十吨铀沥青矿中提炼出 0.1 克氯化镭。

1935 年，钱学森在美国参加第一批导弹研制工作时，他的同事张捷迁回忆说："钱学森夜以继日，无休无止，常常过了午夜，他的房间还是灯火通明。"

牛顿在从事科学研究工作时，常常会陷入一种"痴迷"的状态。有一次，他请朋友到家里做客。当他走出房门去拿酒时，忽然想起关于月球轨道的运算。于是就把请客的事忘到了九霄云外，自顾自地忙着计算起来。朋友知道牛顿的脾气，只好自己吃掉了盘子里的鸡，把骨头吐在了桌子上。等牛顿计算完成后，才想起请客的事。走回桌前一看，鸡只剩下了骨头。他恍然大悟地说："我以为我还没有吃饭呢，原来已经吃过了。"

2. 毅力

勤奋是创造性人才事业成功的基础，毅力是创造性人才事业成功的保证。毅力包括有长远的目标、为了实现这个目标的决心和长期不懈、百折不挠的坚持三个方面。

徐迟在《哥德巴赫猜想》一文中是这样介绍陈景润如痴如醉地研究哥德巴赫猜想的。

"陈景润以惊人的顽强毅力，来向哥德巴赫猜想挺进了。他废寝忘食，昼夜不舍，潜心思考，探测精蕴，进行了大量的运算。一心一意地搞数学，搞得他发呆了。有一次，自己撞在树上，还问是谁撞了他？他把全部心智和理性统统奉献给这道难题的解题上了,他为此而付出了很高的代价。他的两眼深深凹陷了。他的面颊带上了肺结核的红晕。喉头炎严重,他咳嗽不停。腹胀、腹痛,难以忍受。有时已人事不知了,却还记挂着数字和符号。无知的嘲讽钻进了他的耳道。他不屑一顾,他未予理睬。他没有时间来分辩,他宁可含垢忍辱。"

"他无法统计他失败了多少次,他毫不气馁。他总结失败的教训,把失败接起来,焊上去,作登山用的尼龙绳子和金属梯子。吃一堑,长一智。失败一次,当进一步。失败是成功之母,成功由失败堆垒而成。他向着目标,不屈不挠;继续前进,继续攀登。数字、符号、引理、公式、逻辑、推理,积在楼板上,有三尺深。他终于登上了攀登顶峰的必由之路,登上了(1+2)的台阶。"他证明了这个命题,写出了厚达二百多页的长篇论文。

达尔文从1831年踏上军舰进行航行考察开始,以坚强的毅力,27年如一日地搜集各种动植物标本和化石,观察生物习性,最后完成了《物种起源》,创立了生物进化论。

我国著名气象学竺可桢从1936年1月1日到1974年2月6日(他逝世前一天),共38年零37天,天天写日记,共800万字,天气和物候是他每天必记的内容。

3. 创新意识

创新意识是在竞争中培养而成的,竞争越激烈,创新意识越强烈。创新意识包括:

(1)敢于标新立异。

第一要有创新精神,第二要有敏锐的发现问题的能力,第三要有敢于提出问题的勇气。

1867年,爱迪生在发明了自动电报记录机之后,他产生了一个大胆的想法:既然可以打出记录电报声音的纸带,那么,将记录声音的纸带"回放",是不是可以发出声音呢?他和助手巴切勒通过实验,都清楚地听到了机器发出的声音。后来,爱迪生就发明了留声机。

(2)善于大胆设想。

第一要敢想,第二要会想。1781年赫歇尔用天文望远镜发现天王星以后,人们发现天王星很不稳定,一摇三摆。开始,人们认为是观察误差。到1846年,巴黎天文台台长贝瓦尔德发现天王星的观测值与计算值的偏差已达到惊人的小。有人开始怀疑，在远离太阳的地方，牛顿的引力定律是不是失效了？但还是剑桥大学二年级学生的亚当斯却认为，可能是某颗未知行星的引力造成的。1843年10月，他巧妙地利用观察与计算的误差值来推算引起天王星摄动的未知天体的质量、轨道和位置。他把计算结果与所有的观察资料进行比较和拟合，逐次调整自己的假设前提，使之逐渐逼近物理原型。1845年9月，将计算结果寄给剑桥天文台台长查理士，请他搜索星空。查理士漫不经心。第二年9月23日卡勒观察到海王星后，查理士才从自己的观察资料中发现，关于这颗行星他已有两次观察记录。

4. 坚定的信心和锲而不舍的精神

无数科学巨匠的光辉事迹都表明，在科研过程中，特别是在酝酿如何提出假设或证明假设的时候，往往会遇到很大的困难。这时就要有坚定的信心和锲而不舍的精神。

年轻人的创造发明容易被名流学者所否定，而且，创造性越大，被否定的可能性也越大。因此，青年科技工作者更要具有锲而不舍的精神。

马克思写过："在科学上没有平坦的大道，只有不畏艰险沿着陡峭山路攀登的人，才有希望达到光辉的顶点。"

爱迪生说过："发明是百分之一的灵感加上百分之九十九的汗水。"

达尔文说过，他自己"所完成的任何科学工作，都是通过长期的考虑、忍耐和勤奋得来的。"

1907年，德国的欧立希为了研究一种只杀死锥虫而不伤害人的视神经的药以治疗昏睡病，用改变含砷毒药阿托什尔化学结构的方法，经过606次试验才制成了砷凡纳明。

儒勒·凡尔纳一生抄录资料的笔记有两千五百多本。马克思为了撰写《资本论》，阅读研究过的书籍竟有一千五百余册。这些都是他们锲而不舍精神的体现。

五、环境因素

创新的环境对创新工作有十分重要的影响。正确的方针政策、宽松的创新环境、良好的学术氛围、正确的舆论导向、充足的资金支持和有效的后勤保障等环境因素都十分有利于创新活动；反之，则会制约创新活动。

159

第四节　创新思维的特征作用与培养

一、创新思维的特征

创新思维的特征如图 5-5 所示。

图 5-5　创新思维的特征

1. 独创性

创新思维是用新的观点去认识事物，反映事物，对事物提出新颖而独特的见解。所以，独创性是创新思维的重要特征。

有一天，牛顿正想"为什么月亮会绕着地球运转而不会掉落下来"。忽然一只大苹果从树上掉落下来。他又一次陷入了沉思："为什么苹果不落向两旁，不飞向天空，而是垂直落向地面？"一定是地球有某种引力，把它引向地球；月亮也一定是如此——月亮一定是在地球引力的吸引下做高速运转。因为有引力，使它不能远离地球；因为有速度，使它不会像苹果一样掉落下来。最后，他在吸收前人研究成果的基础上，经过反复研究，提出了万有引力定律。

爱迪生发明了 1200 种新产品，这同他独创性思维和独立工作能力有很大的关系。

2. 发散性

发散性是指就一个问题提出多种可能性，寻找多种答案。它是创新思维的核心。

具有发散思维的人有灵活变通的特点和"急中生智"的过人之处；遇到问题，能从事物的不同侧面、不同角度去思考问题；从多种可能的方法中去选择最佳的解决方案。

有一个出版商为了售出滞销书，千方百计托人给总统看，总统无暇顾及。就随便说了句"此书甚好！"该出版商马上推出广广告："现有总统评价很高的书出售。"结果，滞销的书一售而空。

另一出版商也用此法。总统被利用了一次，这次说了句："此书很糟！"该出版商推出广告："兹有总统批评甚烈的书出售。"结果，书也很火爆。

第三个出版商也送一套书给总统，总统这次决心不加理睬。于是，第三个出版商的广告词表述为："现有总统也难以下结论的书出售。"结果，书的销售也很好。

3. 积累性

"由量变到质变"是指当某种事物（包括物质和非物质的现象、知识等）的数量积累到某个数量级时，就会发生质的跃升（包括非物质的理论、规律等）。

创新思维形成的基础是科学的知识结构和丰富的实践经验。当遇到新问题时，善于吸收前人的知识和经验，巧妙地把相关事物进行重组，产生新的事物或形成新的产品。

有创新思维的人不仅善于吸收前人的知识和经验进行重组；而且善于把前人的知识和经验移植到新的领域去创造新的理论或新的产品。如英国医生里斯特应用巴斯德发现的"腐烂是由细菌引起的"结论，创造了外科手术消毒法。

曹冲称象的故事也是一个极好的例子。

在1700多年前的三国时代，吴国的孙权送给魏国的曹操一头大象，长久居住在中原的曹操从来没有看过这种庞然大物，好奇地想知道这个大怪物到底有多重？于是，他对着大臣们说："谁有办法把这只大象称一称？"在场的人七嘴八舌地讨论着，有人回家搬出特制的秤，但大象实在太大了，一站上去，就把秤踩扁了；有人提议把大象一块又一块地切下分开秤，再算算看加起来有多重，可是在场的人觉得太残忍了。而且曹操喜欢大象的可爱模样，不希望为了秤重失去它。就在大家束手无策的时候，曹操7岁的儿子曹冲，突然开口说：

"我知道怎么秤了！"他请大家把大象赶到一艘船上，看船身沉入水中多深，在船身上做了一个记号。然后又请大家把大象赶回岸上，再把一筐筐的石头搬上船去，直到船下沉到刚才画的那一条线上为止。接着，他请大家把在船上的石头逐一称量，再全部加起来后说："这就是大象的重量了！"这里，曹冲就是将前人的知识和经验进行重组，创造了称大象的方法。

4. 质疑性

科学只能无限地接近真理，而永远达不到终点。

创新思维的根本特征就是勇于对现有的理论或经验提出质疑。几乎所有的创造发明都是建立在怀疑和否定前人理论或经验的基础上的。只有打破传统理论，才能创立新的理论，使人类不断进步。

20 世纪 20 年代，李四光曾在华北地区发现第四纪冰川遗迹，推翻了外国权威关于中国没有第四纪冰川的说法，遭到一些人的非议。后来，他继续考察了十多年，于 1933 年宣读了《扬子江流域之第四纪冰期》的考察报告，用强有力的事实证明长江流域确有第四纪冰川遗迹存在。

维纳为了建立自然控制理论，不仅突破了传统力学方法，摆脱了拉普拉斯的决定论和机械唯物论，还分析批判了吉本斯的古典统计力学，大胆提出了时间系列的统计力学问题，从而为建立完整的控制理论打下了坚实的基础。

应该指出的是，对原有理论的质疑必须是建立在创新的基础上。爱因斯坦研究方法论的主要特点就是叛逆与创新的统一、理论与实践的统一。

5. 瞬时性

由于一个人的新理论、新思路常常是在瞬间突然产生的，没有思维过程，没有逻辑推理，因而带有很大的神秘性和瞬时性。所以，创新思维一旦产生，就要立刻记录下来，否则有得而复失的危险。

6. 偶然性

所谓"偶然性"，就是意外的发现，就是机遇。机遇在科学发现中是存在的。丹麦物理学家奥斯特在 1822 年的一次报告会快结束时，发现连接伏打电池的导线与磁针平行时，磁针位置发生改变。他反转了电流，磁针朝相反的方向偏转。敏锐的洞察力和创新思维使他发现了电与磁的关系，这为法拉第发明电磁感应发电机开辟了道路。

1800 年，英国天文学家赫欧尔用温度计依次测定棱镜在太阳光可见光谱各波长区的温度。当温度计移到没有光线的地方时，温度不但不下降，反而更高。从这个偶然现象，赫歇尔断定，在太阳辐射中，除了可见光外，还有不可见光。这就是后来的"红外线"。

1999年"棉花双百万亩双百斤"项目组决定编写题为《宽膜植棉早熟高产理论与实践》的专著，笔者在撰写地膜棉田生态结构时遇到了一个难题，传统的农田生态学将农田生态系统分为三个子系统：土体层、植被层和近地大气层。但在地膜棉田中，地膜与土壤表层之间那层很薄的空间应该划入哪个子系统呢？划为植被层吧，它的主要组成不是植被；划入土体层吧，那里没有土壤。笔者根据系统科学理论认真分析了它的组成、边界和功能之后，认为它备作为一个系统的基本要素：它的主要组成是空气和水蒸气；它有明确的系统边界；它具有增温、增光、保墒、提墒、抑盐、灭草等其他子系统所不具有的独特功能。因此，笔者大胆将它划为一个新的子系统—膜下层。从而提出了与传统农田生态系统三层次结构不同的地膜棉田生态系统的四层次结构。后来，笔者还根据这一理论提出了用覆膜与切、揭膜对棉花生长进行调控的"膜调技术"。

像这些创新思维"偶然性"的例子还很多。

一些偶然发现的现象，对于一个有敏锐的洞察力和创新思维的科技工作者来讲，能引起他们新的联想，为他们进一步的发现提供了难得的线索。但是，"机遇只垂青那些懂得怎样追求她的人。"因此，首先，要重视创新思维的偶然性；其次，要认真抓住偶然发现的机遇；再次，要充分利用机遇，进一步挖掘这种偶然发现的科学意义或实用价值。

二、创新思维在创新活动中的作用

1. 创新思维是创新工作的灵魂

一切创新活动都是在创新思维的指引下展开的。因此，创新成果的大小取决于创新思维的深度和广度。由于爱因斯坦的创新思维具有一般人所没有的深度和广度，他敢于想别人不敢想、不曾想的问题，因此，他创立了引起物理学革命的"相对论"；魏格纳在世界地图前，大胆想象着几个大陆板块分裂后慢慢漂移的情景，进而提出了前人从未想过的大陆板块形成的"漂移学说"。

2. 创新思维是创新工作的导航仪

一个成功的创新活动，首先要有明确的目标；其次要有大体的创新程序，甚至具体方法，即创新思路。创新思维就是为创新活动提供创新方向和创新思路的。如爱因斯坦从对惯性质和引力质量的理论分析（思维）中得出了广义相对论的重要线索；伦琴从底片曝光推测放射性现象的存在，进而引发了放射性元素的研究；在撰写地膜棉田生态系统时，发现原有的"农田生态系统三层次结构理论"不适用于地膜棉田，进而根据系统科学理论，提出地膜棉田生态系统的四层次结构等。

3. 科技创新思维是科技创新工作的解码器

创新思维能帮助创新者解决创新活动中遇到的难题。如欧几里得的《几何原本》中第 5 条公理："通过不在直线的一个点，不能引多于一条的直线，平行于原来的直线。"这条公理经过许多著名数学家的研究，都无法证明。但罗巴切夫斯基从相反的方向提出新的公理："通过不在直线的一个点，至少可以引出两条的直线，平行于已知的直线"，从而建立了崭新的非欧几何学，开拓了人们对空间的认识。

4. 创新思维能为创新活动提供收集信息的角度和范围

创新活动都离不开相关的信息。创新思维可以为创新活动提供收集信息的角度和范围。如用逻辑思维方法思考创新活动，首先要找出与创新活动有关的"原理""原则"作为推理的"大前提"；再找出研究每一个具体问题或方法的"原理""原则"作为推理的"小前提"。

5. 创新思维能为创新活动提出新理论或提升创新成果的理论水平

所有的科学理论都是起源于思维与观念。广义相对论的提出和建立就是爱因斯坦的哲学观点与逻辑思维巧妙结合的结果。因此，胡宁教授指出："凭借思维的洞察力，在理论和实验之间出现不可克服的矛盾之前，发现新的理论是完全可能的，这是思维的主观能动性高度发挥的结果。当然，新理论是否正确最终要靠实验的审定。"

此外，应用创新思维对创新活动进行总结时，常常可以从一个新的高度提高其理论水平或从更多的角度扩展其实用范围。如前面提及的笔者关于"地膜棉田生态系统理论"和"温光互补效应理论"。

6. 创新思维会影响创新活动的效率，决定创新活动的成败

正确的思维方法可以为创新活动提出合理的思路和省时、省力的途径，提

高创新活动的效率;错误的思维方法可能导致创新活动走弯路,甚至失败。

1895年普朗克开始用经典物理学方法研究热辐射问题,未取得任何进展。1900年,他大胆放弃旧理论,改用数学方法,推导出了与实验结果完全一致的公式——普朗克公式,并在当年年底提出了普朗克的量子假说,为物理学的发展做出了重要贡献。但是,以后他总想把量子假说纳入经典物理学范畴,并进行了许多研究,相继提出了第二、第三理论。直到1915年,他的第三理论被实验证明是错误的,他才被迫停止"想把量子假说纳入经典物理学"的错误思路。

7. 创新思维能指导提出理想实验

自然界中许多事物都是很复杂的,研究起来涉及的因素很多。因此,研究者常常应用自己的想象力去想象一个理想的实验来进行推理和判断。如牛顿力学第一定律是在假定没有摩擦力的条件下得到的,爱因斯坦的狭义相对论是在假定列车以光速行驶的情况下推出的。

三、创新思维的培养

创新思维的培养如图5-6所示。

1. 培养创新思维的广度横向扩展
2. 培养创新思维的深度纵向深入
3. 培养创新思维的力度
4. 培养良好的思维习惯

图5-6 创新思维的培养

1. 培养创新思维的广度横向扩展

在创新实践中,培养创新思维要突出一个"多"字,即全面考察问题,从事物多种多样的联系中去认识事物。

(1)**多方向思考**。根据思考问题的不同内容或针对具体问题的具体特征,确定思考方向。

(2)**多侧面联想**。充分利用知识的网状结构,围绕同一个问题,从不同的侧面展开联想，探求多种多样的正确答案。

2. 培养创新思维的深度纵向深入

创新思维深度的培养，主要突出一个"变"字，即通过发散思维，向深处发展，培养洞察客观条件的发展与变化、自我调节思维方向、找出解决问题捷径的能力。

（1）变条件——转化。根据知识的联系，对问题的关键条件进行转化；通过转化，收到化难为易和举一反三的效果。

（2）变问题——延伸。根据知识内在联系，通过综合发散思维，把问题逐步引向深入，拓展思维的深度。

（3）变思路——转向。在探究某个问题时，一旦思维受阻，及时改道转向，寻求解决问题的捷径。

3. 培养创新思维的力度

惯性思维是束缚创新者进行创新思维的主要障碍之一，摆脱惯性思维就能够较快地抓住事物的本质，运用新观点、新办法，提出与众不同的新见解。

（1）培养勇于探索的精神。突破惯性思维模式，探究问题的结构特征，寻求异于常规的探索途径。

（2）新角度——概括。周密考察客观事物的实质，独辟蹊径，从新的角度概括出新的结论。

（3）新办法——求解。不满足循规蹈矩的思考方式，敢于跳出条条框框，寻求解决问题的新办法。

4. 培养良好的思维习惯

1）培养质疑的习惯。质疑提问是创新的开始，而好奇、质疑是人的天性。养成质疑、敢问的习惯，创新意识的萌芽就得到了保护，并逐步培养了会问、善问的思维品质。

2）培养手脑结合、注重实践的习惯。实践是创新活动中必不可少的一个过程。培养手脑结合、注重实践的习惯能促进思维的发展，有助于激发创新意识。

3）培养多角度思考的习惯。多角度思考问题的习惯，有利于培养和发展创新者求异思维、发散思维、逆向思维等思维方式。

4）经常进行发散思维与聚合思维相结合的训练，不断提高抽象思维能力。

5）经常进行形象联想和表象想象相结合的训练，不断提高形象思维能力。

6）经常进行受激思维和灵感激发相结合的训练，不断提高直觉思维能力。

第五节　克服限制因素　开发创新能力

在科技创新活动中，虽然人人都可以创新，但是人与人之间的创新成效差异很大，为什么？原因之一就是每个人的创新思维受到限制因素的数量和程度不同。

一、科技创新思维的限制因素

1. 惯性思维

在长期的思维实践中，每个人都会形成自己所惯用的、格式化的思维模型。惯性思维就是指用上一次解决问题的方法，去思考和解决下次遇到的类似问题或表面看起来相同的问题，即使有明显的错误也不易觉察。所以，克服惯性思维对于激发创新思维十分重要。

克服惯性思维有以下几个办法：

1）把所思考的问题暂时放一放，放松一下或去做别的事情，再解决这个问题时，可能已经忘记了前面的想法，摆脱了惯性思维。

2）多与别人开展讨论，激发自己多角度地思考问题。与别人讨论或辩论时，别人的某一句话、某一个观点常常会使自己摆脱习惯性思维，产生联想或奇思妙想，进入兴奋的创新境界。

3）广泛读书，扩大知识面，以不断扩展自己的视野和思路。

4）多读科技史和科学家传记，扩展自己的思维方式。

2. 盲目崇拜

盲目崇拜是科技创新者普遍存在的心理，也是阻碍创新活动顺利进行和创新成功的障碍。盲目崇拜主要表现为崇拜权威、崇拜书本、崇拜能者。

（1）迷信权威。

有人群的地方总有权威。在思维领域，人们习惯于引证权威的观点，不加思考地以权威的是非为是非。

1）思维中权威定势的形成主要通过两条途径：第一条是在从儿童长到成

年过程中所接受的"教育权威";第二条是"专业权威",即由深厚的专业知识所形成的权威。

2)权威定式有利于惯性思维,却有害于创新思维。史上的创新很多是从打倒权威开始的。巴甫洛夫的学生道林斯基发现了一种特别的生理现象。他把一定浓度的盐酸放入动物的十二指肠里,引起了大量的胰腺液体的分泌。他认为这是一种神经反射现象。其实,道林斯基已经发现一个重大的科学问题,可他仍然按照"神经反射"的思维定式去思考,结果走进了"死胡同"。英国的裴利斯和施林根听说后,也做了这个实验。当他们观察到胰腺的分泌不是由于神经反射造成的,便跳出了神经反射的框框,提出了"激素"的概念,从而开辟了人体生理激素和体液调节的新领域。

(2)**迷信书本**。

书本是知识的主要来源,知识是创新思维的重要基础。但客观世界是在不断变化的,书本只是对过去知识的总结,不一定符合客观世界的现在和未来。因此,"迷信书本"就可能束缚创新思维。

(3)**克服盲目崇拜的办法**。

1)树立科学的世界观,掌握正确的方法论,确立"实践是检验真理的唯一标准"的思想。当书本知识与事实发生矛盾时,不要急于否定事实,而要反复用实践来检验后再做结论。

2)学会独立思考。养成遇事多问几个"为什么"的习惯。遇到事物,尤其是很熟悉的事物时,要多问几个"为什么",并通过猜测、推导、反证等方法来启迪自己的创新思维,不要只从书本上或"权威"那里找答案。

3)要树立信心。要注意克服依赖他人的习惯,不要人云亦云。

4)要多与同行进行交流,互相学习,互相沟通。

二、开发创新思维能力

人的智力结构包括五大要素:观察力、记忆力、思维力、想象力和实践能力。思维能力是智力结构的核心。因此,开发思维能力具有十分重要的意义。开发思维能力主要从下列几个方面着手,如图5-7所示。

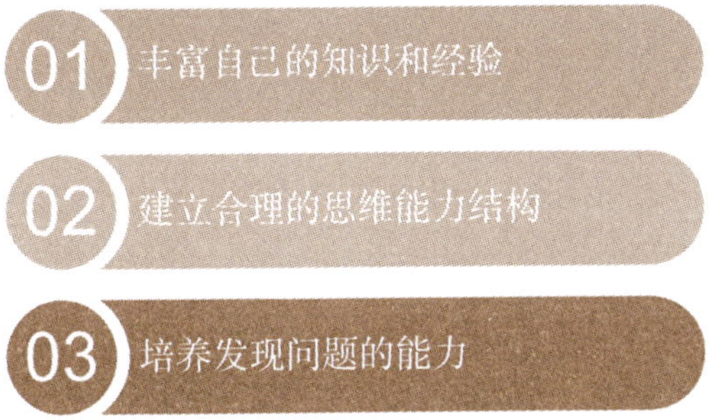

01 丰富自己的知识和经验

02 建立合理的思维能力结构

03 培养发现问题的能力

图 5-7　开发创新思维能力

1. 丰富自己的知识和经验

（1）广泛读书。

广博知识是科技创新思维的基础，而广博知识来源于广泛读书学习，如同修筑城墙，下面的基础越宽，城墙就可以修得越高、越坚固。科技创新是一项向未知世界进军的脑力劳动。它要求创新者要广泛读书，为创新活动打下宽厚的基础。

长期只读同一专业的书，思想会大受限制。有时，别的学科的新思想往往会给本专业工作带来很大的启发。著名美籍物理学家李政道告诫中国科学技术大学的研究生："应该把基础打得很好，不要一开始就把自己的知识限制在很窄的范围。"

在科学研究中，有了广博的知识，才能将学科与学科之间的知识联系起来，有些甚至是大跨度的联系，产生许多边缘学科。开发这些边缘学科有时会收到"有心栽花花不发，无意插柳柳成荫"之效。在牛顿发现万有引力之前，罗伯特、胡克等人已有了引力的概念。胡克是卓越的实验物理学者，他曾在弹性力学中创立了胡克定律。但由于他缺乏牛顿那种横绝一世的数学才能，使他虽然走到了万有引力面前却无力抓住它。

数学家维纳曾说："在科学发展上可以得到收获最大的领域是各种已经建立起来的部门之间的被忽视的……"维纳与他的同事们正是在数学、生理学、神经病理学等边缘交叉地区奠定了控制论的理论基础。

广泛读书可以让科技工作者形成广阔的视野，产生进入新领域的热情。现代科学的新理论、新方法常常产生在不同学科的交叉点上。不同学科的普通知识在科技工作者头脑中经过非线性组合，有可能产生出人意料的新发现、新发明。笔者关于"24D 丁酯药害"的发现就是将作物栽培学与植物保护学的普通知识在两个学科的交叉点上进行非线性组合得出的结果。

(2) 自学是获取知识的重要手段。

学校是人们获取系统知识的重要场所，但广博的知识并非都是在学校里获取的。知识领域的扩大和创造能力的提高，在很大程度上是通过自学实现的。华罗庚、爱迪生等都是通过自学获取知识，并在科技创新方面做出巨大成就的；只上过中学的史丰收靠自学的数学知识和创造性思维，26 岁就发明快速计算法。在科学技术快速发展、各种知识不断更新的今天，更是如此。

(3) 虚心向别人学习。

我国著名文学家郭沫若写的诗剧《屈原》中有一句"你是没有骨气的文人"的台词。在剧本初次上演时，有个演员提了个意见："这句话中的'是'不如改为'这'字好。"郭沫若听了，觉得非常对，便立即改了过来，并称其为"一字之师"。

(4) 正确处理知识与创新的关系。

知识与创新是既统一又矛盾的。一方面，知识是创新的基础，知识越多对创新越有利，因为创新是在继承的基础上突破的；另一方面，知识多，不一定创新能力强，因为知识多的人往往头脑中的"条条框框"也多。

19 世纪末，在世界范围内掀起了研制飞机的热潮。但法国著名天文学家勒让德认为，要制造一种比空气重的机械在天上飞行是不可能的。1903 年名不见经传、没有上过大学的美国人莱特兄弟却把飞机送上了天空。

有时候，知识少的人思维反而活跃，表现出较强的创造力。高斯 17 岁总结出了最小二乘法；伽利略 20 岁就发表了关于自由落体运动的论述；牛顿 23 岁发现了万有引力定律；海森堡 24 岁建立了量子力学；爱迪生 16 岁就完成了第一项发明。

在科学史上，也有一些领域的创造发明是"外行"完成的。地质学中的大陆漂移说是德国气象学家魏格纳提出并论证的；英国道尔顿提出化学原子论时，还是一个化学知识很少的气象学家。此外，分子生物学的建立、DNA 双螺旋结构的提出、全息摄影术的发明、控制论的创立等都是由另一个领域的专家首先提出的。

所以，贝弗里奇在《科学研究的艺术》中写道："若研究的对象是一个仍在发展的科学或问题，这时内行最有利；若研究的是一个不再发展的学科，那么这个领域问题的解决，更可能是由外行提出。"

（5）多参加创新活动。

多参加各种科学研究、技术发明等创新活动，不断丰富自己进行科技创新的经验。每一个创新者都是在多次创新活动的成功和失败中成长起来的。

2. 建立合理的思维能力结构

思维能力结构包括思维分析能力、思维综合能力、思维比较能力、思维抽象能力和思维概括能力。其中，思维分析能力和思维综合能力是思维过程中最基本的能力。每个人都要认识自己的思维能力结构的特点，扬长避短，充分发挥自己能力结构中的优势项。

门捷列夫就是具有良好思维能力结构的例子。他构建"元素周期表"和提出"元素周期"，充分表现了他的思维综合能力；而他对未知元素的预见，又表现了他有趣的思维分析能力。

思维的基本品质包括思维深度、思维广度、思维灵活性和思维独立性。全面提高思维品质，就是要使思维深度、不可偏废。否则，思维的品质结构就会失衡。但是，思维独立性是思维品质的核心，应更加关注思维独立性的培养。

19世纪末，一些科学家认为物理学的研究已尽善尽美，不会有大的发展。但是，思维独立性很强的爱因斯坦提出了"相对论"，波恩等完成了"量子力学"，使经典物理学迎来了一场革命。

3. 培养发现问题的能力

爱因斯坦说过："提出一个问题往往比解决一个问题更重要，因为提出新的问题，需要有创造性的想象力，而且标志着科学的真正进步。"

有一段时间，爱因斯坦邻居的小女孩常去请他讲解数学题，小女孩的母亲向爱因斯坦表示歉意。爱因斯坦回答说："你不需要向我道歉，我从她那里学到的东西比她从我这里学到的东西更多。"这里，爱因斯坦是指小女孩能提出一些对爱因斯坦大有启发的问题。因为小孩提问题没有成见的束缚，他们天真幼稚的想法能成为诱发奇思妙想的重要源泉。

一般人对于新事物都有一种新奇感，一部分人还会提出"为什么？"。但是当找不到答案或找到一个未经检验的答案后，多数人都会止步；只有个别的人才会一直追寻下去。1978年，苏联的夏尔布里津错过发现"超导现象"就是一个很好的例子。

对于新事物，多数人都会提出问题；但对司空见惯的事物，多数人都不会

171

提出问题，只有少数人才会提出问题，深入思考。如牛顿看到"苹果从树上掉下来"这种再平常不过的现象，通过与月亮绕着地球转而不掉下来等现象联系起来，深入思考，最后提出了"万有引力"。

第六节　实践指导

一、建立创新工作室，为"五小"创新提供平台

在众多措施中，建立创新工作室，让员工自己成为企业创新发展的主角，是当下实现"五小"创新最为流行的做法。创新工作室不但能够调动职工的创新积极性，同时也能给部门乃至整个企业、整个社会带来翻天覆地的变化。当然，要想让创新工作室真正产生巨大的能量，企业就必须认识到建立创新工作室的几个关键点，如图 5-8 所示。

1	2	3
优化资源，整合力量，突出工作室创建特色	紧贴实际，抓住目标，突出创新工作室创效能力	拓展工作室新内涵，突出工作室"育人"功能

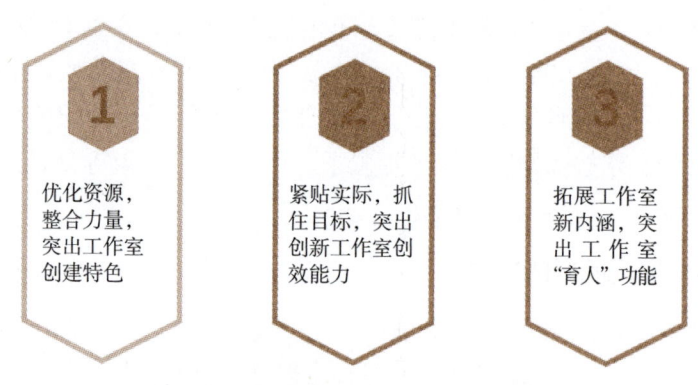

图 5-8　建立创新工作室的三个关键点

1. 优化资源，整合力量，突出工作室创建特色

在成立创新工作室时，企业应该依托自身资源优势，为工作室提供最强有力的后勤支持。而在确定工作室成员招募范畴时，也尽量不要设过高门槛，而是按照工作室实际需要从相关领域招募企业内的优秀职工，将各岗位上职工的力量进行优化整合，并在他们之间建立实现合作的可能。此外，工作室还要有自己的特色，比如在鼓励职工积极参与创新方面可以建立奖励机制，可以开辟专门的通道收集普通岗位职工的创新点子，等等。

2. 紧贴实际，抓住目标，突出创新工作室创效能力

创新工作室既要在技术上开展创新活动，更要将创新成果引入班站管理和建设，最终实现创效最大化。企业可以安排劳模创新工作室将收集到的疑难问题进行分类，并成立专门的攻关小组，小组之间各司其职又相互配合地开展工作，对难点问题进行重点攻关。此外，还应该成立一个专门的科研小组，通过大量的研究与实验，研发出能够帮助生产一线职工更好、更快完成生产工作的技术、工具，使创新工作室不仅能够解决企业生产中的问题，也能够将创新应用于企业生产中，让每个职工和企业都因此获益。

此外，创新不仅要在技术上有突破，更要在管理上寻求突破。创新工作室中的成员大多是优秀职工或是管理者，因此更应该利用自身优势寻求企业管理上的突破。例如，可以将创新理念与企业精细化管理有机融合经过研究与改进，总结出帮助企业进行管理体系建设的方案和理念。

3. 拓展工作室新内涵，突出工作室"育人"功能

创新工作室在传授创新经验和技巧的同时，还应该实施人才培育工程，提升职工的操作技能与创新意识，为企业输送技术人才，拓展工作室新内涵。

工作室可以定期开展专题培训活动，通过创新工作论坛，多媒体课件教学等方式，进行"传帮带"，创新开展科学、新颖的岗位知识学习方法，充分发挥工作室的"造血"功能，让每一个职工在学习技术的同时，能够感受创新氛围，增强他们的创新意识和创新热情。

创新工作室应该成为企业人才的培训摇篮，而创新培训模式也应该成为企业职工培训的风向标。

二、青创激励机制

参照上级公司的管理规定，在单位内部建立相应的奖励、激励制度，鼓励青年员工积极参与创新工作，推进公司创新水平持续提升。

1. 健全考核体系，充分发挥激励导向作用

完善激励措施，将人才称号、发明专利、创新成果推广应用等情况折算成积分纳入职工薪酬动态调整管理，让薪酬分配尽量向技艺精湛、善于创新的青年员工倾斜，将评价结果作为衡量青年员工工作业绩的重要依据；同时，实施奖励追加制度，对在原来基础上继续提升并产生更大效益和影响的项目进行追

加奖励，鼓励员工积极深入研究，把具体的项目做大、做精。

2. 实施对标管理，促进工作水平整体提升

建立企业创新工作建设评价标准，量化指标体系，促进创新工作对标提升；建立创新工作评估标准，完善企业创新工作平台，积极开展动态评估；将青年员工创新能力提升纳入部门和单位年度文明考核范畴，纳入工作对标，进一步增强各部门各单位的重视程度和协作合力。

3. 选树先进典型，树立创新文化建设典范

开展创新工作先进选树工作，评选创新工作优秀成果、优秀案例，总结工作经验，推动工作创新；强化精神激励和荣誉激励，在工匠、劳模推选和评优评先中充分考虑职工技术技能和创新创造等因素，组织开展以青年员工为载体的技术比武，创新创效主题竞赛活动，表现优异的予以奖励。

三、青创活动载体

1. 注重宣传，提升青工创新意识

1）针对青工普遍具有较高的业务水平和综合素质，接受新事物能力强的特点，通过网站、QQ 群、微信群、微博等媒介宣传创新知识、创新成果、创新人物，积极开展青工座谈会、创新知识培训、QC 培训等活动，提高对创新工作的认知度。

2）树立榜样，激发青工创新热情。时常邀请企业劳模、岗位能手等为青工们讲述创新的乐趣和心得，激发创新热情。定期展示创新成果。邀请新成果的研发者动手试验创作过程，通过观看、沟通、说教，激发了创造灵感，提升了动手能力和创新能力。

2. 结合实际，服务企业经营发展

1）抓实效。防止创新出现"假、大、空"现象，通过严格把关、审查，要求做到"真、小、实"。

2）强机制。强化创新管理机制，提高创新工作规范化、流程化、促进创新管理工作的提升。

3）增活力。寓教于乐，丰富员工生活。定期组织青年员工参观创新成果汇展，召开主题座谈会进行自我分享，召开现场交流会对青年创意找缺点并提

出意见建议。

3. 合作与竞争，打造全员创新企业文化

1）成立以青年为主的创新工作室。利用企业对科技研发工作，科技人才队伍建设及青年专业技术人才的高度重视，精选企业各专业的青年业务精英组成"青年创新工作室"，合作开展科技攻关。

2）打造竞争平台。以国网青年创新创意大赛为契机，号召青年员工从公司安全生产、经营管理、优质服务等方面入手，通过小发明、小设计、小改造等途径对现有技术或流程进行革新改造，积极推广"金点子"，群策群力，广纳良言。

四、参赛指导

青年员工思维先进、活跃，想法紧跟时代步伐，能够给公司创新文化建设注入新鲜血液，是公司创新工作的重要组成部分。国网公司通过举办青创赛促进青年交流，让创新真正成为优秀青年的符号。

1. 大赛要点

大赛要点如图 5-9 所示。

1 论文、专利和荣誉等相关佐证材料要尽量多

2 不仅立足于创新项目，还要拓展项目衍生的大数据应用、智能研制、管理软件、手机 APP 等一系列配套应用

3 项目需兼富创新与创意，具备应用于实际工作中的相关数据结果

图 5-9　大赛要点

2. 评选原则

创新创意项目应立足工作实际、着眼质效提升、致力推广应用，需同时满足创新性、经济性、可推广性、安全性等要求，能够有效降低运维检修、物资供应成本，促进公司精益管理和效率效益提升，服务公司新业态、新领域拓展，如图 5-10 所示。

创新性 01
申报项目能够充分发挥广大青年员工的主动性和创造力，体现运行维护、检修试验、带电检测、技改大修等运检环节，物资采购、质量监督、供应实效等物资环节，用数据说话、用数据管理、用数据决策等大数据应用环节的自主性创新

经济性 02
申报项目的经济收益能够进行科学评估、测定与计算，通过项目开展可降低电网运营成本，提高运检业务、物资业务和公司整体运营效率效益。鼓励评选以较小投入即可取得明显经济效益和社会效益的创新创意项目

可推广性 03
可推广性。创新应面向工作一线，申报项目要来源于基层，适用于基层，解决现场实际问题，发挥公司数据价值，具有可操作性、可推广性和可复制性

安全性 04
申报项目须符合安规要求，已经过实际应用，能够安全可靠地应用于现有电网运维检修、物资供应体系，更好地保障人身、设备和电网安全。应符合法律法规相关规定，确保安全、信息等风险可控

图 5-10 评选原则

3. 项目要求

1）申报项目原则上为三年以内创新创意项目，项目负责人为不超过40周岁的青年，且研究团队青工比例不低于70%，项目突出青年的原创性。已获得国家和公司科技奖项，已列入本年度国家和公司科技项目的不在评选之列。

2）申报项目不得侵犯第三方专利权、著作权、商标权、名誉权或其他任何合法权益。参赛者申报项目所包含的任何文字、图片、图形、音频或视频资料，均受版权、商标权和其他所有权的法律保护。大赛主办方有权对参赛项目进行作品汇编的出版、发行以及其他公益科普活动使用。